中国道路
ZHONG GUO DAO LU

开启"中国世纪"的大门

刘笑伟 著

海风出版社
HAIFENG PUBLISHING HOUSE

目 录

【卷首语】

21世纪属于中国

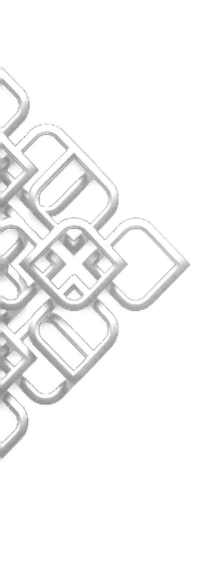

卷首语

21世纪属于中国

　　我有这样一个预言：等到22世纪的钟声在这个蔚蓝的星球上敲响时，一定会有人总结说，这个过去的21世纪，是"中国世纪"！因为到了21世纪中叶，我们将完全实现"两个一百年"的奋斗目标，那时的中国，将以何等的气魄展现在世界强国之列，那时的中华民族，将以何等的自信巍然屹立在世界民族之林！

　　公元2012年11月8日，中国共产党第十八次全国代表大会在北京召开。在十八大报告中，提出了三个"自信"，即道路自信、理论自信、制度自信。十八大报告指出，中国特色社会主义道路，中国特色社会主义理论体系，中国特色社会主义制度，是党和人民九十多年奋斗、创造、积累的根本成就，必须倍加珍惜、始终坚持、不断发展。

中国道路的概念，日益引起人们的关注。

进入21世纪，中国人有理由越来越"自信"了。

一个美国记者这样看中国："邓小平于1979年将他巨大却闭关自守的国家向市场经济开放，自那以来，中国已征服了世界，凭借的不是军队，而是工厂。中国的经济年增长率达到惊人的9%或以上，并开始呈现贸易大国的姿态，这在制造商中引发的震惊和敬畏几乎怎么说都不过分。2004年，人们开始全面感受到中国的威力。数以亿计的低薪工人和每周10亿美元的国外直接投资已令贸易膨胀，并影响到全球石油、矿产、货币和股票市场。中国已使亚洲四小龙经济体黯然失色。"

使亚洲四小龙经济体黯然失色的中国，正在变得越来越自信。

中国，曾经很自信。中国两千多年封建历史长河中，先后出现过几个最好的历史时期，史称"盛世"，例如西汉"文景之治"，唐代的"贞观之治"、"开元盛世"，明代的"永宣之治"，清代的"康雍乾盛世"。

"贞观之治"时期应是中国历史上最辉煌的时期。那时唐帝国是世界最为文明强盛的国家，首都长安是世界性的大都会，就像今天的美国纽约一样。

历史有惊人的相似性。如今美国取得的荣耀和自豪，在那时是属于唐帝国的。来自世界各国的外交使节，在看到唐帝国的高度繁荣和文明之后，很多人不想回国，千方百计地要留下。中国高度发展的文化，使来到中国的各国人民，大多数以成为中国人为荣（就像今天世界各国人民争相去拿美国的绿卡）。据记载，当时仅广州一城的西洋侨民就有二十万人以上。外国人在中国不但可以发财致富，还可以从政当官。来自阿拉伯帝国和日本的侨民就有不少在中国担任官职的，有的还担任部长级高级官员。

唐帝国除了接受大批的外国移民外，还接收一批又一批的外国留学生来中国学习先进文化，仅日本官派的公费留学生就接收了七批，每批都有几百人。民间自费留学生则远远超过此数（就像今天美国吸引很多国家的留学生一样）。

我至今仍然清楚地记得，小的时候很自豪地听老师讲到拿破仑关于中国的一句名言。拿破仑是西方近代最伟大的领袖，在对中国的伟大的历史进行深入细致的研究之后，说出这样的话："中国是一头沉睡的狮子，一旦它醒来世界将为之颤抖。……感谢上帝，它还没有醒来，就让它永远沉睡下去吧！"中国和中国文化，曾经是如此的耀眼，让伟大英明的法国皇帝拿破仑，看到了中国的非凡魅力和超乎寻常的发展潜力。

如今，拿破仑预言，正在变成现实。

必须指出的是，在中国历史性的崛起中，没有去攫取和压榨殖民地，没有贩运和奴役奴隶，没有通过战争去掠夺他国，

没有卖鸦片。中国的崛起，是世界有史以来最和平的崛起，最"干净"的崛起，最"道德"的崛起。

是什么促成了中国这样的崛起？这就是中国道路。

曾几何时，中国有些年轻人却越来越不自信了。尤其在网络上，盛行着"哈外一族"，就是那些认为外国的月亮要比中国的圆，民族自豪感不强，有崇洋媚外思想的人。让人感到可悲的是，在中国高速发展的今天，还有一些人具有媚外思想，只看到西方先进的科学技术、管理经验，看不到他们严重的社会危机、庸俗的生活方式；只相信那些所谓的"普世价值"，却对中国改革开放后经济、科技等方面所取得的巨大成就视而不见。

其实，历史的长河是最好的"显影液"。一切真实景象，只要以历史的视角去审视、分析，答案就自在其中。

我从历史的视角来说一说，自己为什么坚信中国道路是正确的。

比如说人的寿命。人的生存权是最基本的人权。1949年前，中国平均每年有300万-700万人死于饥饿，婴儿死亡率是170-200‰，人口平均寿命则不足35岁。这是当时美国驻华大使司徒雷登引用的数据。60多年来(1949~2012)，中国快速发展体现的不仅仅是经济建设的成就，更重要的是人的健康的增强和寿命的延长。根据第六次全国人口普查详细汇总资料计算，2010年我国人口平均预期寿命达到74.83岁。按照世界卫生组织的标准，人均预期寿命超过70岁的国家即为长寿国家。也就是说，我国在2000年已经迈进了长寿国家的行列。如今，我国人口平均预期寿命不仅明显高于中等收入国家及地区，也大大高于世界平均水平。这就是中国道路引领我们取得的巨大成就。

再比如就大家都关心的钓鱼岛问题。日本将钓鱼岛进行所谓的"国有化"后，中国政府强力反制，打出了一套漂亮的"组合拳"：从2012年9月份开始对钓鱼岛及其附属岛屿开展了常态化的监视和监测工作，中央电视台也在同年9月11日开始播放钓鱼岛天气预报，越来越多的举措，让日本难以招架。可以说目前，在钓鱼岛局势上，中国占尽了优势。也有报道称，或许在钓鱼岛事件上，日本之前优势很大，但是现在中国的强硬实力让日本已经磨灭了优势。

与日本"硬碰硬"，这在七八十年前，是旧中国想都不敢想的事。那时的中国，国家积贫积弱，社会弊端丛生，人民生活艰苦，政府无暇顾及主权与领土、领海安全！

九一八事变，又称沈阳事变，奉天事变，柳条湖事件。1931年9月18日傍晚，盘踞在中国东北的日本关东军实施精心策划的阴谋，由铁道"守备队"炸毁沈阳柳条湖附近日本修筑的南满铁路路轨，并嫁祸于中国军队，日军以此为借口，炮轰

中国东北军北大营，制造了震惊中外的"九一八事变"。

"七七事变"，又称"卢沟桥事变"。1937年7月7日，驻华日军在卢沟桥附近演习时，借口一名士兵"失踪"，要求进入宛平县城搜查。其无理要求遭到中国守军严词拒绝，日军遂悍然向中国守军开枪射击，炮轰宛平城，这显然是蓄谋已久的挑衅行为。

我想提醒大家注意的是，这两次侵略行径，日本都是找的"借口"。随便一个"借口"，就可以发动战争！放在今天，日本还敢吗？

这就是历史的"显影液"还原出的真实景象。中国强大了。中国为什么强大？是因为中国找到了一条适合自己国情的道路。

什么是中国特色社会主义道路？就是在中国共产党领导下，立足基本国情，以经济建设为中心，坚持四项基本原则，坚持改革开放，解放和发展社会生产力，巩固和完善社会主义制度，建设社会主义市场经济、社会主义民主政治、社会主义先进文化、社会主义和谐社会，建设富强民主文明和谐的社会主义现代化国家。

道路关乎国家前途、民族命运、人民幸福。中国特色社会主义道路是中国共产党和中国人民在长期革命、建设和改革开放事业中所作出的历史抉择。

比尔·盖茨，这位来自美国的世界级富豪，对中国道路给予了高度赞扬。比尔·盖茨出席博鳌亚洲论坛2013年年会时，作了题为《对话比尔·盖茨：为穷人投资》的专题演讲。他说，"中国在短短30年间使6亿人摆脱贫困，是人类历史上最伟大的"。他表示，"每次来中国访问都看到巨大的变化，在其他地方要经过很多年才能取得的进步，中国短短几个月就能实现"。他说，"中国经济发展取得了巨大的成就，这是全世界公认的，并得到了广泛的宣传和推崇。人们曾注目于北京奥运会，但对没有来过中国的人来说，他们可能除了表面上展现出的巨大能力之外，很少认识到中国在民生领域、减少贫困方面取得了巨大的成功。在短短30年间，中国帮助6亿人口摆脱了贫困，这是人类历史上最伟大的，实际上为贫困人口减半的目标做出了巨大贡献。"

这些甚至比预言更精彩的"中国故事"，难道仅仅是机遇的恩赐吗？当然不是。是"中国道路"成就了"中国的传奇"。

正是这条道路，使中国连续30多年保持年近10%的经济增长率，成为世界第二大经济体；正是这条道路，使中国在最短时间内建成了世界上最大的社会保障体系框架，人民迅速走上了安康富裕之路；正是这条道路，让我们取得抗震救灾、承办奥运、载人航天等举世瞩目的重大胜利，创造了一个又一个人

间奇迹。我坚信，只要我们坚定不移地坚持这条道路，就一定能够开启"中国世纪"的大门！

朋友们，如果您有兴趣，就让我们一起去重温、去品味、去思考这条道路吧。

【第一章】

你看懂中国了吗

第一章

你看懂中国了吗

"棒杀"与"捧杀"

笔者曾在香港工作了七年多。1995年，距离香港回归祖国还有两年之时，美国《财富》杂志刊登了题为《香港已死》的封面文章，预言回归后香港将日渐衰落。

这就是对香港的"棒杀"——明确告诉大家，香港肯定不行了。然而，到了2007年，也就是香港回归祖国10年后，《财富》的姊妹杂志《时代》又发表了一篇文章，题为《哎呀，香港根本死不了》，承认《财富》杂志当年言论错误，坦承香港比从前更有活力。

从2004年到2011年的7年间，香港GDP平均增速达5%，是同期其他发达经济体平均值的近2倍。2012年，世界银行对183个经济体的营商环境进行排名，香港排第二位。瑞士洛桑国际

管理发展学院刚刚公布的《2012年世界竞争力年报》中，香港连续第二年以满分100分荣登全球最具竞争力经济体榜首。

把香港"放大"了来看，其受到的"棒杀"经历，也适用于中国。

上世纪80年代末至90年代初，由于苏东剧变，社会主义运动进入低潮。中国社会主义的前途和命运同样引起世界的关注。在国际主流媒体上，对中国一片"棒杀"之声：中国肯定经受不住东欧剧变带来的冲击，中国共产党会很快像东欧共产党那样丧失执政地位。90年代初苏联解体后，他们又预言：中国会经受不住民族独立的世界影响，西藏、新疆会独立。在中国确立社会主义市场经济体制目标模式之后，西方学者又断言：市场经济将埋葬人民民主专政政权。90年代末东南亚金融危机之后，又有人预言中国顶不住金融危机的冲击。

然而，令某些人失落的是，中国不仅没有像苏联东欧社会主义国家那样崩溃，反而打破了制裁重返国际社会。中国经济并没有衰退，不仅顶住了东南亚金融危机的压力，而且维持了较高的经济增长速度。不仅没有出现某些人预言的"分成八块"，还保持了国家领土完整，祖国的大家庭一片和睦。

于是，又有人使用了"捧杀"的手段，就是放大对方的成就，让人飘飘然忘乎所以，让人在飘飘欲仙中失去斗志。

自从中国超过日本的经济总量，成为世界第二大经济体后，这种声音就更多了。西方国家竞相报道"一个新的经济超级大国"已经诞生。这好像是在捧我们，但接下来我们就知道，他们捧我们的目的其实是为了杀我们。捧杀和棒杀其实一样，都是要我们死。

西方的政治家想摆脱徘徊在经济低迷边缘的困境，就必需找出能够代他们受过的替罪羊，他们把目标瞄准了中国。

凭什么"世界经济普遍低迷，中国却一枝独秀"？既然中国从一个发展中国家，一跃成为"经济超级大国"，并超越日本成为世界第二大经济体，那中国就应该尽到大国的责任。西方打出"责任论"这张牌，高叫"中国是金融危机的最大赢家"。他们的目的就是推诿自己的责任，把金融危机和世界经济复苏乏力的罪责归咎于中国。让中国承担"顺差国责任"、"债权国责任"、"储蓄国责任"、"能源消费大国责任"、"碳排放大国责任"。真是不说不知道，说了吓一跳。他们的目的就是要迫使中国承担超出自身能力的更多责任、抑制中国的发展。而事实上，经过30多年的改革发展，中国社会各个方面有了飞跃式的进步，但是社会主义初级阶段这个基本国情没有变，人民日益增长的物质文化需求同落后的社会生产之间的矛盾这一社会主要矛盾没有变，我国仍然是世界上最大的发展

中国家的属性和地位没有变。

西方还密集炒作"中国超过美国成为全球最大能源消费国"、"中国超过美国成为世界最大温室气体排放国"。而事实上，中国对世界减排做出了最真诚、最突出的贡献。

西方国家对中国的"捧杀"并非新招。从前的日本，就曾经被迫"承担经济大国责任"，结果陷入长期经济衰退。现在西方国家又把中国捧上了世界第二经济体的神坛，夸大渲染其影响力，其目的就是要迫使中国承担与自身国力难以相衬的国际责任与义务。"捧杀"中国道路导致"威胁论"，"棒杀"中国道路导致"崩溃论"。其实，无论捧杀和棒杀，根本的目的都是想扼杀。

最近一段时间，西方媒体又在炒作"中国崩溃论"、"中国威胁论"、"社会主义失败论"等观点，然而几乎每一次都证明他们是错误的。

我至今仍记得当年苏联解体、东欧剧变，国际共产主义运动面临严重挫折之际，全体中国人民对社会主义祖国前途命运的深深担忧。与之相对应的是，某些势力对中国冷嘲热讽、谩骂指责，屡次发出一厢情愿的"恐怖预言"。大致回顾一下这些"预言"，可以让善于思考的人们深入思考，寻找事实和真理的力量。

是"终结"还是"前进"？1988年，美国前总统尼克松出版《1999：不战而胜》一书，该书出版后不久，东欧局势发生了激烈的动荡，波兰、匈牙利、民主德国、捷克和斯洛伐克、保加利亚、罗马尼亚等6国政权易手，执政40多年的共产党、工人党或下台成为在野党，或改变了性质，"共产主义行将终结"的预言因此盛行。1989年，美国前总统国家安全事务助理布热津斯基出版了《大失败——二十世纪共产主义的兴亡》，认为共产主义进入"最后危机"，断言将在21世纪"不可逆转地在历史上消亡"。1991年，苏联最终解体，苏共被迫下台并宣布自行解散，这更加使西方诸国对于"共产主义终结论"确信不疑。但中国彻底否定了上述预言，取得了举世瞩目的伟大成就。时至今日，作为共产主义初级阶段的社会主义依然显示出旺盛的生命力，中国人民在中国道路上阔步前进。

是"危机"还是"安全"？1994年9月，美国《世界观察》杂志刊载了美国世界观察研究所所长莱斯特·布朗题为《谁来养活中国？》的文章，作者预言中国的粮荒将冲击世界。布朗又在几个重要的国际会议上发表讲话，宣扬他的观点，并不断补充新的证据。1995年下半年他又出版了专著《谁来养活中国？》。然而，布朗关于中国出现"粮食危机"的预言并没有发生，即使全球性"粮食危机"，每6人中就有1人处

于饥饿状态或濒临饥饿状态，中国的粮食仍供应充足。中国还在力所能及的范围内，积极向国际粮农组织和一些出现粮食紧急状况的国家提供捐赠和粮食援助，认真履行在世界粮食安全方面的国际义务，成为一个重要的粮食援助国。

是"崩溃"还是"繁荣"？1997年，亚洲金融危机爆发。一些西方经济学家认为，中国经济也将不可避免地陷入困境。2001年，美国出版《中国即将崩溃》一书，因其耸人听闻的标题还登上了当时《纽约时报》的畅销书排行榜。该书认为，中国没有办法和能力解决经济发展中的一系列问题，只能一步步走向崩溃。"中国现行的政治和经济制度，最多只能维持5年……中国的经济正在衰退，并开始崩溃，时间会在2008年北京奥运会之前，而不是之后！""遗憾"的是，中国经济非但没有崩溃，反而保持了繁荣，"中国崩溃论"崩溃了。

是"威胁"还是"机遇"？"中国威胁论"的代表性文章和著作有1990年日本防务大学学者村井友秀发表的《论中国这个潜在的敌人》一文，还有1992年美国费城外交政策研究所亚洲项目主任芒罗发表的《正在觉醒的巨龙：亚洲真正的威胁来自中国》和1993年哈佛大学教授亨廷顿发表的《文明的冲突》。其核心观点无非是认为中国实力增长太快，会对美国等西方传统大国造成威胁。然而，事实证明中国并没有给世界带来任何"威胁"，反而在和平崛起中给世界带来了共享繁荣成果的种种福音，中国"睦邻、安邻、富邻"的周边外交政策和负责任的大国行为，得到了第三世界国家的广泛认同。

尔曹身与名俱灭，不废江河万古流。我想，西方关于中国的种种"恐怖预言"还会不时出现，有时甚至会甚嚣尘上，但是历史将一次又一次证明，这些预言的结局只有两个字——"破产"。

面对中国"红旗不倒"铁的事实，一些有识之士开始认为，"以前在西方用于讨论中国的语言已不再适用"，而要研究中国，必须具有"中国眼光"，必须了解中国。

西方看中国

笔者曾在意大利学习过一段时间。那是2009年，正值国际"金融危机"的第二年。利用学习的机会，笔者在意大利、法国、德国等国家进行过实地考察，近距离地了解西方对中国的看法。

"欧洲老了"，这是美国人的发明。美国在二十世纪全面超越欧洲之后，就曾经说过欧洲老了，这让欧洲人感到羞辱。欧洲人眼里"浅薄、没有历史底蕴"的美国，取代欧洲成了

西方文明的领袖，真有点"无可奈何花落去"的味道。现在的欧洲人，对中国也有了当年对美国那样类似的感觉。我感觉，欧洲人对中国人的看法，就像衰落的贵族看新崛起的暴发户，既羡慕又无奈。我知道这个比喻或许并不贴切，但我真的找不出更准确的词，来描述那种无所不在、多种情感交织一起，矛盾、复杂、微妙的心态了。我曾问过不少欧洲普通市民对中国人的看法。他们的感受是：很复杂。表面上他们对你很尊重、偶尔也有欣赏，但"心里是酸酸的"，五味杂陈：有冷漠、有轻蔑、有嘲笑、有不屑、有嫉妒、有焦虑、有恐惧、有无奈。这种感受，只有近距离接触欧洲时，才能体会得到。

在不少欧洲人看来，中国巨大的一个独特优势在于她的民众能一起向确定的方向持续前进。"这恐怕就是中国成功的关键原因。美国、英国、法国等西方发达国家富裕的日子过得太久了"。中国人的集体主义以及善于吸纳他人长处和优点的做法，是中华民族"经过几千年的发展、一代一代积累起来的大智慧"。中国共产党在最近几十年来能够"克服内部矛盾和意识形态及发展模式上的教条主义"，则是成功挖掘了"自然、人类和科技等各方面的潜力"。"在其领导下，人民勤奋工作，而不是在闲扯。"在欧洲，不少人如今一提及中国，脑中浮现的第一印象就是一个正在崛起的经济和政治大国。过去谈到中国，总认为中国人不想或者不敢对世界开放。现在他们看到的是，中国正在以自己的方式征服世界。

面对飞速发展的中国，究竟是威胁还是机遇？不得不说欧洲人看待中国的感受多少有些复杂，有人视其为机遇，有人视其为威胁。欧洲人对中国的认知之所以会有这样的差异，一方面是他们看到了中国的经济快速增长，另一方面又担心由此可能产生环境污染、发展不平衡等负面效应，结果是：他们在赞叹中国取得的巨大成就的同时，又对发展的可持续性以及对其他国家的影响表示担忧。当然，这是可以理解的，30年来，欧洲人的生活改变不大，而中国人民的生活出现了迅猛的变化，双方的经济差距普遍缩小，这肯定会使得一些人的心态出现一些微妙的变化。一些欧洲人自身的优越感没有了，特别是近年来欧洲经济危机冲击，使一些欧洲人的生活出现倒退现象，或者改善非常缓慢，在这样的情况下，他们产生负面的抱怨情绪，也是正常的。

终于有人说"中国例外论"

最近，韩国的《中央日报》发表了一篇文章，题目是《中国例外论》。文章说，最近，韩国知识分子圈流行一个话

题——"中国解读法"，核心内容是中国有自身的复杂性，且有着独到的世界观，故不能用外界标准对其妄下结论。一直以来，韩国社会习惯用西方观点评价中国，时至今日，我们必须承认中国有一套自己的处事方法。总之，中国就是"不一样"。

文章强调，想摸透中国人的心理，必须先了解19世纪初以来中国曾遭受的苦难。因为那段历史，中国人潜意识里会有"受过欺负"的心理创伤(当然，大部分亚洲国家都会感同身受)。正是这些历史因素为"中国例外论"登场起到铺垫作用。

文章进一步分析说，"中国例外论"与20世纪流行的"美国例外论"颇为相似。"美国例外论"认为，从人类社会发展的角度看，唯有美国的社会发展是不同于其他国家的，也超脱于世界普遍的历史进程。历史的齿轮将我们带进21世纪，并将另一个"例外论"推到我们面前，那就是唯一能与"美国例外论"相抗衡的"中国例外论"。

文章最后说，认可"中国例外论"等同于承认当下中国的影响力，但毫无批判性地理解和接受此种观点，不免有些过度。最近，我们看到不少韩国人正努力用中国人的角度和思维去了解和感受中国，甚至一些政界人士也著书主张"向中国学习"，并指出中国式集权政治有利于经济发展，中国式集体领导有助于提高竞争力等。但笔者想提醒一点，在与中国的交往中，不能因为中国的强大而放低姿态乃至软弱。要知道，让中国觉得值得尊重的对象也会有"例外"，那就是强大且底气十足的国家。

必须看到，现在许多过去对我们持有偏见的人，也不得不承认中国的道路具有"独特的地方"。特别是十八大后，海外舆论也普遍聚焦中共执政模式，积极评价中共取得的执政成就。经济学家弗里德曼甚至说："能解读中国经济改革的人应该荣获诺贝尔奖。"英国《经济学家》周刊则指出这样一个事实：英国用了58年、美国用了47年、日本用了34年的时间使人均实际收入增加一倍，而中国仅用10年就实现了。

不久前，澳大利亚学者怀特说，我们应该承认，中国正发生着许多美好的事情。由于中国取得的经济增长，数亿中国人过上了他们父辈做梦都想不到的更好、更富足的生活。更好的住房，更棒的学校，更优的医疗——"这些物质条件具有真实的道德价值，不承认这些成就是不诚实的"。

中国为什么能够"例外"

或许我们可以换一个视角，从西方人对我们的认识中找到

答案。我把它概括为三个"不得不承认"。

第一，不得不承认中国的发展，得益于中国共产党的领导。不少外媒承认，中国经济的崛起是近年来最重要的国际事件，而中国共产党及其领导下的政治制度是中国经济持续快速发展的重要原因。韩国《中央日报》形象地说，我们现在已经生活在了"不懂中共就不懂中国"的时代。韩国有媒体认为，"世界最大执政党将成为一个巨大的学习组织，这就是中国未来一片光明的原因。"巴基斯坦联合通讯社称，"中国共产党在经历了90年的惊人变革之后还能保持如此活力的一个重要原因是，它总能与时俱进。"不少海外舆论认为，中国共产党在动员人民的积极性和创造性方面的能力让人印象深刻。英国《新闻杂志》说，"中国共产党是中国最重要的政治力量，它依靠强大的组织能力领导着中国的各个社会阶层。"奥地利《新闻报》也认为，"中国共产党是世界上最大、可能也是最强有力的组织。"新加坡《联合早报》则提示，"看不到中国共产党的强大政策动员能力，就很难理解中国这些年来的巨大变化。"在一些海外中共问题专家看来，中共重"特色"但并不"狭隘"，真正做到了"师夷长技以自强"。美国学者沈大伟在其《中国共产党：收缩与调适》一书中认为，"中国共产党没有让自己局限于效仿前社会主义国家，而是真正放眼于全世界的各种政治体制，学习可能在中国有用的东西。"不少媒体给出的最后结论是，中国共产党及其领导下的政治制度是中国经济持续快速发展的重要原因。尤其是2008年下半年国际金融危机爆发后，面对空前的挑战，中国党和政府及时果断对宏观经济政策进行重大调整，推出扩大内需、促进经济增长的一系列政策措施，成功扭转经济增速下滑势头，在世界率先实现回升向好，受到境外媒体的广泛赞许。西班牙中国政策观察网站文章认为，"中国共产党在整个政治进程中发挥了领导作用，保障了中国在现代化进程的框架下融入世界经济"。

第二，不得不承认中国共产党的执政模式具有独特的优势。不少外媒认为，中共的执政体制独具优势，精英领导制度值得学习。加拿大比较政治学教授贝淡宁在美国报纸上撰文指出，共产党的选拔机制变得越来越注重能力和才智。领导干部要经过严格的选拔，只有那些表现优异的人才可能进入最高层的领导机构。贝淡宁还认为，在中国现行的执政体制下，中国领导人对决策的考虑更为长远和全面。还有海外学者认为，善于学习也是中共成功的"秘诀"之一。英国皇家国际事务研究所亚洲项目主任布朗认为，中共能够不断地从国外和自己的执政经验中总结和学习，才成功适应了形势的变化。还有的学者说，中共善于从自己的实践当中学习，包括从自己犯过的错误

中学习。"同时中共也善于向别人学习,包括向西方发达资本主义国家学习,大胆吸收借鉴人类文明的优秀成果"。

第三,不得不承认"中国道路"具有"世界意义"。中国经济结构转变方式和各项经济改革措施尤其得到众多境外媒体的肯定:普遍认可中国在世界经济中的地位。美国前国务卿基辛格于2011年6月在接受中国《参考消息》记者采访时表示:"中国的发展模式,无论对中国自己还是对世界其他国家都具有重要的意义。"西方世界更有人喜欢讨论"北京共识"和"中国模式"。西方一向期望按他们的模式来塑造发展中国家,现在多少觉得,确实存在中国道路这种不同于西方资本主义模式的发展道路。专门从事中国与非洲关系研究的学者丹尼尔·拉志认为,中国的发展道路是独特的,而这种独特发展模式的成功引起了国际,特别是第三世界国家的广泛关注,成为与后殖民主义时期其他现成经验不同的理念和新的发展援助的来源。斯蒂芬·马克斯则认为,所谓"中国模式"主要的特征就是中国的发展没有采纳"华盛顿共识"。这种模式所带来的理念不仅仅不同于以西方经验为中心的意识形态,而且还在发展中国家"产生了显著的效果",从而动摇了西方经验的普世价值与这些普世价值所维护的战略利益和现实利益,以及迄今为止由西方主导的国际游戏规则。有学者认为,中国道路的成功在于一边坚决拒绝外来干预，一边主动地向世界上所有的先进经验学习，坚定不移地根据本国的国情，提出自己的经济体制改革乃至政治体制改革的方案，坚持根据自己的特点来决定自己的制度，从而使世界上出现了非西方的发展成功经验。在西方规则处于强势地位的时候，能够坚持自己的道路，并取得成功，本身就是一种世界性的胜利，能将西方发达的经验融入社会主义发展的框架之中更是对人类文明的贡献。

中国取得举世瞩目的发展成就，是因为选择了中国道路，而不是西方资本主义道路。中国道路的成功打破了西方模式的垄断地位，已经开始动摇西方模式的自信。美国《基督教科学箴言报》2012年夏天连续刊登题为《为什么中国不会崩溃？》以及《美国存在缺陷的民主制度可以从中国的一党制中学些什么？》的文章，比较了中国的"精英领导制度"与"西方民主选举制度"的优劣，认为中国的政治制度过去没有崩溃，现在也不会，而且西方应该向其学习。英国广播公司网站载文认为，"中国国家政权的合法性完全建立在西式社会历史经验之外"。

国际金融危机引发了人们在历史与现实层面上对社会主义制度和资本主义制度，以及在两种制度主导下不同发展模式的思考。英国《卫报》网站载文指出，"随着全球金融危机的发

展，没有什么比中国与美国和欧洲之间的对比更鲜明的了"。美国《时代周刊》网站文章则称，"全球经济衰退暴露出的最大讽刺之一就是，共产党统治的中国在处理资本主义危机时表现得可能要比民主选举出的美国政府更好"。

中国道路，正在引起世界的广泛关注。

【第二章】

关于中国道路由来

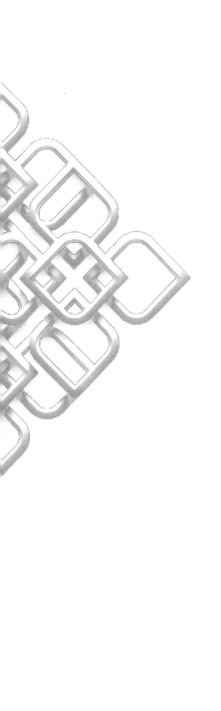

第二章

关于中国道路由来

中国道路的"启蒙"

考察中国道路的由来，我认为有一个"源头"，那就是辛亥革命。

党的十五大报告中讲过："一个世纪以来，中国人民在前进道路上经历了三次历史性的巨大变化，产生了三位站在时代前列的伟大人物：孙中山、毛泽东、邓小平。"

20世纪是中华民族由苦难走向新生的世纪。在这一百年里，中国社会发生了翻天覆地的大变革。

我去过位于中山市东南的翠亨村，那里是孙中山的故居，距市中心约29公里。1866年11月12日，孙中山就诞生在这个小村庄的一个农民家庭。我曾流连于那座红色的两层楼房，那是孙中山的哥哥从夏威夷寄钱回来由孙中山亲自设计并主持兴建的。这栋楼房中西合璧，外表仿西方建筑，内部结构和陈设则

是中国南方的传统形式。

我曾久久地凝视着孙中山故居院内的那棵酸子树。据说那是孙中山于1883年从檀香山带回来种植的，1931年被台风刮倒过，但至今仍然枝叶繁茂，开花结果。我一直想，这棵酸子树是不是一种象征？从国外引进的东西，能适合中国的国情吗？

党的十五大把孙中山、毛泽东、邓小平并列为20世纪中国的三位伟人，他们的特殊贡献，恰恰在于分别在各自不同的历史条件下，为拯救和发展中国，卓有成效地实践和探索了先进道路。

辛亥革命是中国道路的启蒙。

鸦片战争后，中国成为半殖民地半封建国家。从那时起，对我们国家极端贫弱、民族备受凌辱有着切肤之痛的志士仁人，就热切期盼着国家的富强和民族的振兴。从19世纪40年代到20世纪中叶，世界上几乎所有帝国主义国家都侵略过中国，给中国人民带来了深重灾难。具有讽刺意味的是，这些侵略过中国的国家，都在高喊着所谓中国没有"人权"、"普世价值"。虽然近代以来不少中国先进分子和有识之士提出过各种建国主张并为此而奋斗，但都未取得成功，原因就在于外国侵略者同中国封建势力相结合，严重阻碍了民族资本主义的正常发展。

辛亥革命，为国家的富强和民族的振兴亮起了第一道曙光。它一举推翻了统治中国两千余年之久，并已日趋腐朽的封建君主专制制度。这是一个伟大的创举，意义十分重大。林伯渠老人曾经很有感慨地说："对于许多未经过帝王之治的青年，辛亥革命的政治意义是常被过低估计的，这并不足怪，因为他们没看到推翻几千年因袭下来的专制政体是多么不易的一件事。"

思想的启蒙和观念的现代化，这是任何一个国家从传统向现代转换过程中必经的阶段和必需的基础。辛亥革命，铲除了中国封建势力最顽固的堡垒，宣告了封建君主专制统治时代的结束，同时也为中国进步打开了闸门，为中国走向现代化提供了契机。

政治上，辛亥革命的伟大成果直接缔造了中国的民主共和政体，为中国政治现代化谱写了开篇；经济上，辛亥革命开创了中国近代化的第一次腾飞，把贫穷落后的中国引向近代工业化的道路；思想上，思想界获得了前所未有的解放，各种主义、思潮有机会在中国社会舞台上展现，马克思主义也因此得到广泛的传播和普遍认同。

孙中山第一个提出了"振兴中华"的目标，为了实现这个梦想，他找到的是民族主义、民主主义和民生主义道路。

但是，辛亥革命没能从根本上改变中国的半殖民地半封建社会性质，中国人民的悲惨境遇也没有结束。由于资产阶级的妥协性和软弱性，只是推翻清朝的专制统治，没有提出反对帝国主义、反对封建主义的主张，没有建立共和体制，更没有进行土地改革和深刻的社会革命，来达到平均地权的主张，而是在列强的压力下，与代表旧势力的袁世凯妥协，把胜利果实拱手相让。

毛泽东曾明确指出："认清中国社会的性质，就是说，认清中国的国情，乃是认清一切革命问题的基本的根据。"当时的国情以及民族资产阶级的软弱性，决定了推翻压在中国人民头上的"三座大山"这一历史重任，只能由无产阶级来承担领导的责任。中国共产党是近代中国社会深刻变迁的进步产物，是最先进的新型政党。中国共产党人在对辛亥革命失败的反思中，选择了科学的马克思主义。一批先进知识分子随之摆脱失败的迷惘，走上革命道路。"中国产生了共产党，这是开天辟地的大事变。"有了中国共产党，中国的面目就为之一新。正是由于中国共产党的崛起，承传了辛亥革命的事业，并把民主主义革命转变为社会主义革命，使中国发生了翻天覆地的社会变革，取得了现代化事业的辉煌成就。

一万年太久，只争朝夕

如果说辛亥革命是中国道路的"启蒙期"，那么，从新中国成立到改革开放前这段时间就是中国道路的"奠基期"。以毛泽东同志为主要代表的中国共产党人，经过艰辛探索，在总结中国革命正反两方面经验的基础上找到了中国新民主主义革命的正确道路，并在新民主主义革命胜利后适时进行社会主义革命，积极探索适合中国国情的社会主义建设道路，开启和推动了马克思主义中国化的历史进程。

历史，将永远铭记这一刻。公元1949年10月1日下午3时整，大会主持人林伯渠宣布："中华人民共和国成立庆祝大会开始！"随着军乐队奏起雄壮的《义勇军进行曲》，54门礼炮齐放28响，毛泽东主席按动电钮，将五星红旗从一根白色的金属杆上缓缓升起。在场的每一个人屏住呼吸，原来喧闹、欢腾的广场变得鸦雀无声，30万参加开国大典的群众肃立着，一起向冉冉升起的五星红旗致敬。毛主席向全世界庄严地宣告："中华人民共和国中央人民政府成立了！"顿时，天安门广场上的掌声、欢呼声震天动地、响彻云霄！

开国大典，标志着中国人民从此掌握了自己的前途命运，标志着我们伟大祖国从此告别落后屈辱走向繁荣富强，标志着中华民族从此迈向伟大复兴的历史新纪元。新中国的诞生和社会主义制度的确立，是近代中国历史发展的必然。

新中国的诞生和社会主义制度的确立，使中国实现了历史性转变，是中国历史上最深刻广泛的社会变革。这个历史性转变的标志之一是，中国真正拥有了国家主权，实现了民族独立。小平同志曾谈到这一点，他说："中国在世界上的地位，是在中华人民共和国成立以后才大大提高的。只有中华人民共和国的成立，才使我们这个人口占世界总人口近四分之一的大国，在世界上站起来，而且站住了。还是毛泽东同志那句话：中国人民从此站起来了。国内的人民也罢，国外的华侨也罢，对这点都有亲身感受。"旧中国在国际上毫无地位可言，各国

侵略者可以任意侵占中国领土、操纵中国主权、掠夺中国财富。新中国建立后，以毛泽东为领导的中央人民政府，立即宣布废除各国侵略者强迫中国签订的一系列不平等条约和他们在中国攫取的种种特权，结束了长期受帝国主义欺凌的历史，真正实现了国家和民族的独立，中国人民从此扬眉吐气。1984年，邓小平在谈到香港回归问题时曾深情地说："鸦片战争以来的一个多世纪里，外国人看不起中国人，侮辱中国人。中华人民共和国建立后，改变了中国的形象。中国今天的形象，不是晚清政府、不是北洋军阀、也不是蒋氏父子创造出来的。是中华人民共和国改变了中国的形象。"

这个历史性转变的另一个标志是，中国真正走向了国家统一，实现了社会稳定。1980年1月，小平同志在中央干部会议上深刻指出："中国一向被称为一盘散沙，但是自从我们党成为执政党，成为全国团结的核心力量，四分五裂、各霸一方的局面就结束了。"《剑桥中华人民共和国史》对此也给予充分肯定：中国共产党1949年的胜利，解决了一个前40年未解决的重大问题之一，即"缺乏全国的统一"，而"恢复中国的伟大所必需的全国统一是所有爱国的中国人衷心渴望的目标。"旧中国时，军阀连年混战，使中国人民遭受了极大灾难。新中国建立后，全国上下政令统一，不再是一盘散沙。在民族关系上，新中国彻底改变了过去那种民族歧视、压迫和互相敌视的状况，建立了平等互助、团结合作、共同繁荣的社会主义新型民族关系，实现了民族区域自治，全国人民真正过上了安定的社会生活。

这个历史性转变的再一个标志是，中国真正探索出了一条适合自己国情的政治制度和经济发展之路。新中国成立后，中国建立起工人阶级领导的、以工农联盟为基础的人民民主专政的社会主义新型国家政权；实行人民代表大会制度，保证了广大人民管理国家、社会事务的权力；实行共产党领导的多党合作和政治协商制度，坚持"长期共存、互相监督、肝胆相照、荣辱与共"的方针，组成了广泛的爱国统一战线。在经济方面，新中国建立之初，党领导全国人民稳定和恢复国民经济，随着全国财经的统一、土地改革的基本完成和国民经济的恢复，具备了向社会主义过渡的条件和现实可能。在党的过渡时期总路线指导下，中国开始了以执行"一五"计划为主要标志的工业化进程，并完成了对农业、手工业和资本主义工商业的社会主义改造，消灭了几千年来的阶级剥削制度，使亿万中国人民从此结束了被奴役的命运，这的确是一次历史性的胜利，是我国历史上最深刻广泛的社会变革。

"多少事，从来急，天地转，光阴迫，一万年太久，只争朝夕"。毛泽东面对风云变幻的世界和百废待兴的中国，写下了这样一首充满激情和梦想的词（《满江红·和郭沫若同志》）。这首诗中，饱含了毛主席对中国社会主义建设的殷切期望。

社会主义改造完成后，党领导全国人民开始了全面的大规模社会主义建设，其间虽有挫折与失误，有过"文化大革命"这样最严重的挫折和损失，但中国共产党带领人民追求中华民族伟大复兴的探索一刻也没有停止。

在完成对生产资料所有制的社会主义改造后，原来学习苏联的经验建设社会主义的这套办法，同中国的国情不完全相适应。毛泽东提出要"以苏为鉴"，既重视它的经验也重视它的教训，更重要的是要从中国实际出发建设社会主义，把马克思主义与中国的社会主义事业结合起来。

在整个社会主义革命和建设时期，中国确立和巩固了社会主义基本制度，在一穷二白的基础上建立了独立的比较完整的工业体系和国民经济体系，实现了从新民主主义革命到社会主义革命和建设的历史性转变，使古老的中国以崭新的姿态屹立在世界的东方。

十八大报告提出，毛泽东那一代共产党人为中国道路"奠定了根本政治前提和制度基础"，"提供了宝贵经验、理论准备、物质基础"。中国道路是几代人"奋斗、创造和积累的根本成就"。信斯言！

新的伟大革命

中国道路的开创和发展，直接源于改革开放新时期的实践和理论创新。改革开放时期，是中国道路的"开辟期"。党的十一届三中全会以来，以邓小平同志为主要代表的中国共产党人，在总结新中国成立以后正反两方面经验的基础上，在研究国际经验和世界形势的基础上，在改革开放的崭新实践中，开辟了中国特色社会主义道路。

中国共产党带领中国人民取得的伟大成就，集中体现为三件大事：第一件大事，我们党紧紧依靠人民完成了新民主主义革命，实现了民族独立、人民解放。第二件大事，我们党紧紧依靠人民完成了社会主义革命，确立了社会主义基本制度。第三件大事，我们党紧紧依靠人民进行了改革开放新的伟大革命，开创、坚持、发展了中国特色社会主义。

在完成了国家主体构建和基本制度设计之后，发展模式的选择摆在了中国共产党人面前。

1978年12月，中国共产党召开了十一届三中全会。它是我党历史上具有深远意义的伟大转折，开了中国社会主义改革开放的序幕。

这是一次拨乱反正的会议。它重新确立了马克思主义实事求是的思想路线，抛弃了"阶级斗争为纲"这个不适用于当下社会主义社会的口号，决定把全党工作的重点转移到社会主义现代化建设上来。

这是一次开创未来的会议。全会明确指出党在新时期的历史任务是把中国建设成为社会主义现代化强国，揭开了社会主

义改革开放的序幕，中国开始走上改革开放的道路。

小平同志一直在思考中国的路怎么走。1978年下半年提出一个非常重要的问题，就是尽快把工作重点转到经济建设上来。解放思想、实事求是，以经济建设为中心，坚持四项基本原则，坚持改革开放的基本路线的雏形就出来了。通过农民搞家庭联产承包责任制，开始了农村改革，从而带动了整个中国的改革开放。通过搞经济特区，引进外国先进的技术、经验和管理方法，把解放思想的思想路线转化为一种经济建设的伟大实践。

1982年9月1日，中国共产党第十二次全国代表大会开幕。邓小平在开幕式上的讲话中，第一次提出了"把马克思主义的普遍真理同我国的具体实际结合起来，走自己的道路，建设有中国特色的社会主义，这就是我们总结长期历史经验得出的基本结论"。

"走自己的道路，建设有中国特色的社会主义"，中国道路的萌芽，已在这句闪光的语言里出现！1984年，小平同志再次确切地讲，"总的来说，这条道路叫做建设有中国特色的社会主义的道路"。1987年，他又解释说，"只讲四化，不讲社会主义。这就忘记了事物的本质，也就离开了中国的发展道路。"1992年，党的十四大，对邓小平建设有中国特色社会主义理论，从社会主义的发展道路、发展阶段等9个方面进行了系统概括。

历史雄辩地证明，改革开放是决定当代中国命运的关键抉择，是发展中国特色社会主义，实现中华民族伟大复兴的必经之路。只有改革开放才能救中国，只有改革开放才能发展中国。

改革开放后，中国经济社会实现了前所未有的大突破、大跨越和大发展；思想不断解放，观念不断更新，改革逐步深化并推动开放，开放也进一步促进改革。中国一步步走向富强，经济繁荣，社会稳定，人民安居乐业，迎来中国历史上的空前盛世。

可以说，如果不准确把握社会主义初级阶段这个最大国情，如果不推进改革开放这个伟大实践，如果不奔向社会主义现代化这个根本目标，就不可能有中国道路。

党的十五大把孙中山、毛泽东、邓小平并列为20世纪中国的三位伟人。他们分别在各自不同的历史条件下，实践和探索了发展中国的道路。孙中山探索了从封建帝制向三民主义发展的道路。毛泽东探索了从新民主主义道路到社会主义的道路。邓小平在探索社会主义建设道路的前提和基础上，开创了中国特色社会主义道路。

我认为，中国道路还有一个"成熟期"，那就是党的十八大报告中指出的，以江泽民同志为核心的党的第三代中央领导集体带领全党全国各族人民坚持党的基本理论、基本路线，在国内外形势十分复杂、世界社会主义出现严重曲折的严峻考验面前捍卫了中国特色社会主义，依据新的实践确立了党的基本

纲领、基本经验，确立了社会主义市场经济体制的改革目标和基本框架，确立了社会主义初级阶段的基本经济制度和分配制度，开创全面改革开放新局面，推进党的建设新的伟大工程，成功把中国特色社会主义推向二十一世纪。

党的十八大报告指出，新世纪新阶段，党中央抓住重要战略机遇期，在全面建设小康社会进程中推进实践创新、理论创新、制度创新，强调坚持以人为本、全面协调可持续发展，提出构建社会主义和谐社会、加快生态文明建设，形成中国特色社会主义事业总体布局，着力保障和改善民生，促进社会公平正义，推动建设和谐世界，推进党的执政能力建设和先进性建设，成功在新的历史起点上坚持和发展了中国特色社会主义。

可以看出，中国道路是不断丰富、不断完善、不断发展的。

2013年3月17日，习近平总书记在十二届全国人大一次会议闭幕会上说，中国特色社会主义道路"来之不易，它是在改革开放30多年的伟大实践中走出来的，是在中华人民共和国成立60多年的持续探索中走出来的，是在对近代以来170多年中华民族发展历程的深刻总结中走出来的，是在对中华民族5000多年悠久文明的传承中走出来的"。这是对中国道路由来的高度而精确的概括。

【第三章】

中国道路「八问」

第三章

中国道路"八问"

越来越多的人赞赏中国道路，越来越多的人肯定中国道路，越来越多的人研究中国道路。

笔者认为，中国道路有三个"无与伦比"的特点。

第一，中国道路的艰巨性、复杂性无与伦比。从中国的基本国情看，建国初期，毛泽东同志曾说中国的国情是"一穷二白"，我国的工业相当落后，很多东西我们都不能自己制造，只能用外国人制造的产品，甚至连火柴、铁钉都要从外国进口，因此在这些物品的名称前面都加了一个"洋"字。笔者小的时候，火柴还叫"洋火"，钉子还叫"洋钉"。在中国这样一个人口众多、经济文化落后的国家，开创中国道路是多么不易。从思想观念上看，"文化大革命"刚结束时，人们长期受"左"的影响，思想僵化，进行改革开放需要多么大的勇气？

要冲破怎样的思想顾虑？1978年前后的真理标准大讨论，成为改革开放的缘起；1992年邓小平南巡终结了"姓社还是姓资"的辩论，避免了改革开放的功败垂成，促成了改革开放的深化。从改革要"杀出一条血路来"、到"摸着石头过河"，再到李克强总理最近提到的"壮士断腕的勇气"，可以看出这条道路是充满了怎样的艰辛！

第二，中国道路的开拓性、创造性无与伦比。探索中国道路，是一项前无古人的开创性事业，是一个在理论与实践上不断探索的过程。从理论方面看，我们党探索形成了关于社会主义建设的一系列独创性理论成果，对于开创中国特色社会主义发挥了重大作用。党的历次代表大会对这些独创性的成果进行了科学总结和概括：十三大从12个方面阐述了建设有中国特色社会主义的理论轮廓；十四大从9个方面阐述了中国特色社会主义理论的基本内容；十五大深刻论述了邓小平理论，概括了10个方面的内涵；十六大深刻论述了"三个代表"重要思想，从10个方面总结了建设中国特色社会主义必须坚持的基本经验；十七大深刻论述了科学发展观，概括了改革开放"十个结合"的重要经验。从制度的探索看，进行了党和国家领导制度的改革，明确了党政职能分开和党在国家法律范围内活动的基本原则，废除了领导干部职务终身制，恢复和发展了国家的民主政治制度，确定了人民代表大会是国家权力机关的地位，确立了共产党领导的多党合作和政治协商的基本政治制度，确立了基层民主制度。同时，完善了基本经济制度，逐步确立了建立社会主义市场经济体制。这些，都是"石破天惊"的重大探索，具有十分重大的开创意义。

第三，中国道路的世界性、借鉴性无与伦比。遥想1956年，毛泽东同志在发表的《纪念孙中山先生》一文中写道："因为中国是一个具有九百六十万平方公里土地和六万万人口的国家，中国应当对于人类有较大的贡献。而这种贡献，在过去一个长时期内，则是太少了。这使我们感到惭愧。"今天，可以告慰革命先辈的是，我们历尽艰辛探索出的中国道路，不仅彻底改变了中国人民的命运，开辟了实现中华民族伟大复兴的康庄大道，也为世界经济发展和人类文明进步做出了重大贡献，丰富了人类对社会发展规律和道路的认识。中国道路，为人类文明探索出了一种新的发展模式，那就是把发展的代价降到最低限度，努力把蛋糕做大的同时又千方百计惠及最广大人民群众，如何在推崇经济发展的同时又注重民生、维护社会稳定、实现人的全面发展，如何在强调经济建设的同时又先后提出了政治建设、文化建设、社会建设和生态文明建设，如何在致力于实现小康的同时把推动文化大发展大繁荣置于突出的位置，如何在满足人的物质需求的同时又通过建立社会主义核心价值体系来塑造一代新人。同时，中国道路为国际共产主义运动开

辟了新境界、新未来。无可否认，经过苏联解体、东欧剧变，国际共产主义运动发展进入了最困难、最曲折的历史时期，但随着中国道路的"一枝独秀"，国际共产主义运动获得了新的活力，新的希望。这是中国特色社会主义道路对国际共产主义运动真正意义之所在，同时也是对人类历史所作出的重大贡献。如今，中国道路的成功经验，已经引起了广大第三世界国家的关注，这条道路为发展中国家摆脱贫穷落后树立了积极的示范效应。

我想，如何以最简捷的方式，把中国道路介绍给感兴趣的人们？如何使整天忙于工作、学习、生活的人们在最短的时间内了解中国道路？还是自己设计几个简短的问题吧。

什么是中国道路？

中国特色社会主义道路，就是在中国共产党领导下，立足基本国情，以经济建设为中心，坚持四项基本原则，坚持改革开放，解放和发展社会生产力，建设社会主义市场经济、社会主义民主政治、社会主义先进文化、社会主义和谐社会、社会主义生态文明，促进人的全面发展，逐步实现全体人民共同富裕，建设富强民主文明和谐的社会主义现代化国家。党的十八大报告指出，道路关乎党的命脉，关乎国家前途、民族命运、人民幸福。报告回首近代以来中国波澜壮阔的历史，展望中华民族充满希望的未来，得出一个坚定的结论：全面建成小康社会，加快推进社会主义现代化，实现中华民族伟大复兴，必须坚定不移走中国特色社会主义道路。报告深刻指出，"在中国这样一个经济文化十分落后的国家探索民族复兴道路，是极为艰巨的任务。九十多年来，我们党紧紧依靠人民，把马克思主义基本原理同中国实际和时代特征结合起来，独立自主走自己的路，历经千辛万苦，付出各种代价，取得革命建设改革伟大胜利，开创和发展了中国特色社会主义，从根本上改变了中国人民和中华民族的前途命运。""在改革开放三十多年一以贯之的接力探索中，我们坚定不移高举中国特色社会主义伟大旗帜，既不走封闭僵化的老路、也不走改旗易帜的邪路。中国特色社会主义道路，中国特色社会主义理论体系，中国特色社会主义制度，是党和人民九十多年奋斗、创造、积累的根本成就，必须倍加珍惜、始终坚持、不断发展"。

🐟🐟🐟　中国道路的内涵是什么？

　　中国道路是途径、理论和制度三种形态在实践中的有机统一。也就是说，广义的中国道路，应该包括中国特色社会主义

道路、中国特色社会主义理论体系和中国特色社会主义制度。换句话讲，中国道路，是中国特色社会主义道路、中国特色社会主义理论体系和中国特色社会主义制度的总称。党的十八大报告指出，中国特色社会主义理论体系，就是包括邓小平理论、"三个代表"重要思想、科学发展观在内的科学理论体系，是对马克思列宁主义、毛泽东思想的坚持和发展。中国特色社会主义制度，就是人民代表大会制度、中国共产党领导的多党合作和政治协商制度、民族区域自治制度以及基层群众自治制度等基本政治制度，中国特色社会主义法律体系，公有制为主体、多种所有制经济共同发展的基本经济制度，以及建立在这些制度基础上的经济体制、政治体制、文化体制、社会体制等各项具体制度。

中国道路的三种形态是什么？

是途径、理论、制度。作为中国道路构成形态之一的具体道路，是中国特色社会主义的实现途径，主要包括"一个中心、两个基本点"的基本路线，以及在基本路线上延伸出来的社会主义市场经济、民主政治、先进文化、和谐社会和生态文明这五大建设途径等。中国道路的理论形态，包括邓小平理论、"三个代表"重要思想和科学发展观。它们是30多年来改革开放实践的思想结晶，党的十五大、十六大、十八大，先后把它们确立为党的指导思想，是中国道路的行动指南。中国道路的制度形态，包括中国的根本政治制度、基本政治制度、法律体系、基本经济制度，以及各方面的体制，它们是坚持和发展中国道路的根本保证。十八大报告提出，中国道路的途径、理论和制度"统一于实践"，是一个很重要的论断，表明三种形态不会单独形成，而是互为表里，互为印证，相互促进的。中国道路能够不断发展、走向成熟的原因，就在于中国共产党人总是自觉地把成功的实践上升为理论，用正确的理论指导新的实践，把成功的和成熟的实践确定为制度。中国道路的特色和品格就在这里，中国道路的科学性和深刻性就在这里，中国道路在中国之所以管用，特别有效率，之所以对全党有凝聚力，对全社会有吸引力，原因也在这里。

走中国道路有"三个总"

十八大报告提出，建设中国特色社会主义，总依据是社会主义初级阶段，总布局是五位一体，总任务是实现社会主义现代化和中华民族伟大复兴。十八大报告中提出的三个"总"，

着墨不多，但有助于我们理解中国道路的真谛和要义。所谓总依据，即社会主义初级阶段这个当代中国最大的国情，它是中国道路的出发点。没有出发点，就没有依据去探索、开创和发展中国道路。毛泽东当年如果不弄清、不牢记半殖民地半封建社会的国情，也不会鲜明确立新民主主义道路。今天，我们也必须牢记国情，牢记出发点，才不会动摇走中国道路的决心。十八大报告再次重申，我国仍处于并将长期处于社会主义初级阶段的基本国情没有变。所谓总布局，即社会主义市场经济、民主政治、先进文化、和谐社会和生态文明，"五位一体"，整体推进。提出这个总布局，反映了社会主义现代化建设的内在要求，意在强调，中国特色社会主义是全面发展的社会主义，必须全面、协调和可持续地推进各方面、各领域的工作。所谓总任务，就是中国道路的目标方向，即实现社会主义现代化和中华民族的伟大复兴。总依据、总布局和总任务，是中国道路的应有之义，简明扼要地指明，为什么要走这条道路，在这条道路上主要做什么，朝着什么样的目标去做。

走中国道路必须做到的"八个坚持"

坚持人民主体地位，坚持解放和发展社会生产力，坚持推进改革开放，坚持维护社会公平正义，坚持走共同富裕道路，坚持促进社会和谐，坚持和平发展道路，坚持党的领导。这"八个坚持"，是十八大报告第一次提出来的，被确定为走中国道路夺取新胜利的基本要求。所谓基本要求，事实上是对中国道路内容的又一种概括方式。改革开放以来，我们党不断深化对中国道路的思考和概括，先后形成了党的基本理论、基本路线、基本纲领、基本经验。党的基本要求，从理论和实践相结合的角度，总结了中国道路的新鲜经验，涉及生产力和生产关系，经济基础和上层建筑，国内社会关系和国际政治关系各个方面，体现了中国道路最本质的内容和最鲜明的特点，既是对党内外、国内外关注中国道路时提出的一些重大问题的积极回应，也是对中国道路前进规律、途径和方向的具体揭示。

中国道路有什么特色？

中国特色社会主义道路具有自己鲜明的特色，可以概括为"六个特别注重"。一是特别注重理论先导。在社会主义建设新的历史条件下，以邓小平为代表的中国共产党人，将马克思主义普遍真理运用于中国改革与建设的实际，创造性地回答和解决了在社会主义初级阶段的中国"建设什么样的社会主义、

怎样建设社会主义"这一根本问题，开辟了中国特色社会主义道路，实现了马克思主义中国化的第二次历史性飞跃。结合时代的新变化和实践的新发展，以江泽民、胡锦涛为代表的中国共产党人，继承邓小平遗志，进一步开拓中国特色社会主义道路，进一步推进马克思主义中国化的第二次飞跃，在继续深入回答和解决"建设什么样的社会主义、怎样建设社会主义"这一根本问题的基础上，创造性地回答和解决"建设什么样的党、怎样建设党"和"实现什么样的发展、怎样发展"等重大理论与实践问题，先后创立了"三个代表"重要思想和科学发展观等重大战略思想，在邓小平理论的基础上共同形成了中国特色社会主义理论体系这一马克思主义中国化最新理论成果。中国道路取得的成就，就是中国特色社会主义理论体系指导的结果。二是特别注重独立自主。中国道路是自身内部因素主导生成的。在世界现代化大潮冲击下，中国主动地进行了适应性变革，这种变革立足中国国情，对外来经验不是照抄照搬。在中国改革发展进程中，最关键的是拒绝了新自由主义。中国借鉴国外经验，留下了自己的特色和创造，如联产承包制、经济特区、乡镇企业、社会主义市场经济等。三是特别注重依靠人民。中国道路坚持以人为本，最大限度调动了人民的积极性、创造性。在社会主义中国的发展中，人不仅仅是经济要素，更是具有能动性的主体；不仅仅是从事经济活动的人对发展有贡献，还包括其他一切领域的人；不仅仅是个体，而且是具有共同利益的整体——人民。这种对人的理解完全超出了西方的眼界。四是特别注重实事求是。早在20世纪30年代，在同本本主义、教条主义以及经验主义的斗争中，毛泽东就明确提出了必须把马克思主义普遍真理同中国具体实践结合起来的科学论断。这样一种主张，经过艰苦斗争的检验和全党的共同努力，在延安整风中进一步凝练成"实事求是"的党的思想路线。然而如何坚持实事求是，做好"结合"这篇大文章，我们党经历了曲折的探索和沉痛的教训。正是在总结历史经验的基础上，改革开放之初邓小平重申"实事求是"的思想路线；明确提出要做到实事求是，必须首先解放思想，即从一切照搬"本本"的教条主义束缚中解放出来；明确强调必须坚持一切从实际出发，走自己的路，把实践作为"结合"的逻辑起点和根本依据。中国特色社会主义道路之所以完全正确，之所以充满活力，之所以能够引领中国发展进步，关键就在于选择并坚持了这种"结合"的逻辑起点，即既坚持科学社会主义的基本原理和基本原则，又根据我国实际和时代特征赋予其鲜明的中国特色。五是特别注重整体合力。中国道路坚持"五位一体"的有机统一，从而实现了发展合力最大化。这种道路以马克思的

社会有机体理论为指导，避免了之前那些模式的弊端，最大可能地减少了发展成本，实现了社会有机体的整体发展合力最大化。中国特色社会主义经济、政治、文化和社会等方面的建设相互协调、整体推进，使中国特色社会主义越走越宽广。六是特别注重保持稳定。中国道路的关键秘诀是科学处理了改革、发展、稳定的关系。中国改革是以发展实践效果为导向的，这种改革具有阻力小、易突破、成本较小的优势，因此在中国的改革进程中，没有出现大起大落的事情。中国过去30年从农村向城市移民达2亿人，但没发生内乱，这主要归于政治和社会稳定。

中国道路的价值和意义是什么？

中国是当今世界上最大的发展中国家，13亿中国人民走和平发展道路，无疑为人类和平与发展的崇高事业增添了极其重要的积极因素，这一发展模式对全世界都具有重要意义。一是为大国和平发展提供了一条新路。纵观以往的国际关系史，大国的崛起几乎总是与战争扩张如影随形，战争崛起是大国崛起的主要模式、基本道路、通常选择。中国摒弃传统的大国发展模式，选择的是与20世纪大国争霸截然不同的道路，这是

21世纪中国对世界和平的承诺，也是开创和平发展新道路的保证。二是为社会主义事业提供了一条新路。中国既是一个最大的发展中国家，也一个最大的社会主义国家。中国走和平发展道路，走出一条具有中国特色的社会主义现代化道路，这本身就是对世界共产主义运动做出的有益探索。只要中国的和平发展道路走成功了，不论从理论上说，还是从实践上说，无疑将是对世界社会主义运动做出巨大贡献。三是为世界合作共赢提供了一条新路。全球化进程使国与国的相互联系和依存空前增强。一个和平的国际环境成为民族国家经济社会迅速发展的必要条件。维护国际社会的和平，营造良好的周边环境，不仅是维护国家稳定的需要，也是经济一体化的需要。从这个意义上说，和平发展道路是全球化时代民族国家经济社会振兴的必由之路，对中国而言，也是实现中华民族复兴的唯一选择。中国通过自己的发展表明，维护世界和平，同世界各国发展友好关系，既有利于中国的发展，也有利于世界的发展。中国的发展是世界发展的机遇，世界各国也在与中国的经济交往中分享到了中国的发展成果，中国在自我发展的同时实现了与世界其他国家的互惠、共赢。将中国的发展融合于世界和平发展的大潮中，坚定不移地走和平发展道路。这是中国人民在深刻认识时代发展而作出的重大战略选择，中国将沿着这条正确的发展道

路永远地走下去。"中国道路"不仅让中国走向繁荣富强，还推进了世界经济发展。中国将不只是为本国人民谋福利，还将为全世界的人民作贡献。

如果用一句话概括，中国道路是什么？

中国道路是国家的前途。道路决定一个国家的走向。道路正，国家兴。道路错，国家误。改革开放30多年来的正确道路，点亮了中国奔向伟大复兴的前程。中国道路刷新了中国前程，助推了中国国际地位。

中国道路是民族的命运。国歌《义勇军进行曲》中有几句词，经常回响在我们耳畔："中华民族到了最危险的时刻，每个人被迫发出最后的吼声！起来！起来！起来！"一个民族只有正确理解自己的道路，才能在不断的社会变革中走向进步。中国特色社会主义道路，实际上是为中华民族量身定做的。30多来年，中国道路的探索发展，不可逆转地开启了中华民族走向伟大复兴的历史进军，曾被蔑视为"东亚病夫"的中华民族，从来没有像今天这样，以崭新的姿态傲然屹立于世界民族之林。

中国道路是人民的幸福。2012年国庆中秋长假期间，央视推出《走基层·百姓心声》调查节目，"你幸福吗？"这样的追问，一时间成为社会热词。中国道路是为人民谋幸福的道路。正因为中国道路让老百姓的日子好过了，媒体记者才"文章合为时而著"，走街串巷、进村入户，见谁问谁，"你幸福吗？"让你为之一怔后，禁不住发出会心的微笑。

中国道路是个人的机遇。习近平总书记在参观《复兴之路》展览时说："每个人的前途命运都与国家和民族的前途命运紧密相连。国家好，民族好，大家才会好。"个人命运与国家命运息息相关，中国道路给每个中国人提供了千载难逢的竞相发展的好时光、好机遇。很多企业家、科学家，包括普通的劳动者，正是乘着改革开放的东风成就事业、成就人生的。他们把个人追求融于国家和集体的发展之中，在推进国家和集体的发展中，也圆了自己的梦想。

中国道路是世界的利好。中国走的道路带给世界的不是威胁、麻烦，而是红利当头的消息。中国与世界交汇融合，不仅赢得辉煌，也让世界分享了"中国机遇"。"中国发展、世界受益"，这是流传在国际社会的一个观点。事实正是这样。

中国道路是人间的正道。现代化建设不只是西方一种模式，还可以另辟蹊径。几百年来，西方把自己的制度和道路置于至高无上地位，认为世界上只有一条现代化道路，就是他们

正在走的资本主义，舍此别无他法。"适合自己的才是最好的。""鞋子合不合脚只有自己才知道。"中国道路的成功表明，独立自主选择符合本国国情的发展道路可以走得通，而且比盲目追随西方道路走得更好。中国给予世界的是正能量，中国道路是人类社会发展史上的正路、好路。

对于中国道路，我们充满了感情，充满了敬意，充满了信心，充满了希望！

【第四章】

震撼世界的奇迹

——从经济视角看中国道路

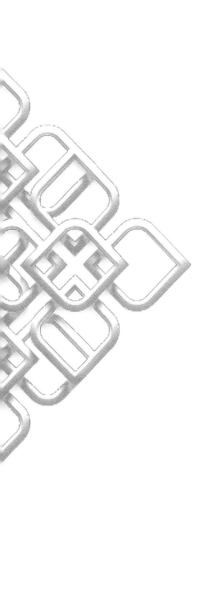

第四章

震撼世界的奇迹

——从经济视角看中国道路

中国经济奇迹进入"第二季"

中国，总有好消息传出。

国务院总理李克强在2013夏季达沃斯论坛开幕式上发表致辞时表示，预计未来5年中国进口将达10万亿美元，对外投资将超过5000亿美元，出境旅游人数将超过4亿人次。中国经济发展的奇迹已进入提质增效的"第二季"。

提质增效，意味着中国在经历了多年高速增长之后，不刻意追求经济增速，不为短期、一时的经济发展而实行过度货币宽松和过度信贷扩张政策，更强调宏观政策的有效性、长远性、责任性。包括从依赖出口到提振内需，稳增长和调结构、稳增长和控通胀相结合，更多发挥市场、企业的作用。

"第二季"是"中国经济升级版"的另一种说法。在经济

高速增长的"第一季"，中国已创造了令世界震惊的奇迹，但在一些关键领域的开放动力不那么强，而新一届政府的改革意愿更强烈，管理方式的创新性更强。

从中国今后发展来看，保持中高速增长条件是完全具备的。有人说，中国经济恐怕要硬着陆，连中高速也维持不了。对此，中国通过深化改革释放改革红利，通过深化改革进一步推进经济发展。平心而论，中国现在的整体经济基础、科技水平、产业体系已比较完善，社会主义市场经济体制也比较完善，企业核心竞争力也在不断提升。相信随着收入分配体制改革、缩小城乡区域差距，内需潜力还会不断释放出来，中国经济长期中高速增长是完全可以实现的。

2013年9月29日，中国(上海)自由贸易试验区正式挂牌，东方明珠集团、上海联交所等首批25家企业入驻自贸区。有人说，中国将迎来1978年改革开放以来最重要的一次改革契机。

有分析人士称，上海自贸区是"深圳2.0"版，认为这场在上海28.78平方公里土地上的试验堪比"1979年在中国南海边画了一个圈"，很可能引领中国新一轮更深层次的经济改革。透过自贸区附近被抢购一空的住宅以及上涨超过300%的相关股票，外界确实感受到了自贸区的"炽热"。李嘉诚预计，上海超越香港"将比大多数人想象的更快"。美国《商业周刊》称，邓小平在深圳推行改革试验30多年后，中国千百万人脱离贫困，现在他的继承者正采用相同战略推进让中国富起来这个更加艰巨的任务。

从中国(上海)自由贸易试验区正式挂牌来透视中国经济，任何人都可以看到新一届中国领导人继续推进改革的决心。

回眸后的感慨

笔者大学毕业后到深圳工作的那一年，是1995年。

我是在那首耳熟能详的歌声中认识和感知深圳的。"有一位老人，在中国的南海边画了一个圈……"就是这位老人，在一个南海边的小渔村里，播种了改革开放的种子，仅仅用了30多年的时间，一个自然资源极度匮乏、人口只有3万的贫穷落后的边陲小镇，快速发展成为具有人口1500万、社会发展成果位居北京、上海、广州之后的中国第四大经济发达城市，走出了一条令世人惊叹的快速发展之路。

这的确是一个令人难以置信的事实。30年前的深圳市，那时候还隶属广东省宝安县。由于地处偏远，那里的渔民生活非常贫穷，那个在地球上名不见经传的小地方如今高楼林立、经济建设速度一日千里，经济发展总量名列全国第四。这的确是一个国家发展史上的奇迹，是中国改革开放创造的奇迹，是全

体中国人可以为之欢欣鼓舞的奇迹。

　　在深圳，我感受到比香港更加朝气蓬勃的感觉。在深圳，我几乎听不到绝对的当地口音，我的所见所闻都是来自五湖四海的南腔北调，那里的人们步履匆匆，让我深切地感觉到：深圳是一个正在崛起的城市，是一个蓄势待发的城市，是一个前程无量的城市。

　　如今的深圳，已是一个经济发达、社会稳定，年出口总额连续17年位居全国城市首位的经济发达的城市，在全国300多个行业里，深圳创造出300多个第一，这是一个多么大的奇迹呀！

　　我刚到深圳的时候，中心区还是一片空地。今天，这里已是高楼林立，再也找不到十几年前的面貌。如果没有自己的亲身经历，真的让人难以相信这样的奇迹。

　　我认为，深圳是中国的一个缩影。一些学者通过各种方式讨论和解释中国经济三十多年的高速增长，他们试图探索中国经济的奇迹。许多人认为，这三十多年来的中国经过摸索，已经形成了中国历史上、甚至人类历史上最好的制度。

　　如果从更长远的目光来审视，新中国成立以来，在中国共产党领导下，经济建设走过了不寻常的道路，取得了举世公认的成就，也积累了丰富宝贵的经验。

　　从经济实力和综合国力看。经过60多年的建设，我国成功实现了从经济弱国向经济大国的伟大历史转变，经济实力和综合国力显著增强。1952年，我国国内生产总值只有679亿元，1978年增加到3645亿元，2012年超过了50万亿元。其中，1979-2008年年均增长9.8%，快于同期世界经济增速6.8个百分点。2010年，我国国内生产总值达到39.8万亿元，跃居世界第二位。经济总量的增长改变了我国一穷二白的落后面貌，也为科技、教育、文化、国防等各个领域的发展奠定了坚实的基础。

其次，从经济结构看。新中国成立60多年来，我国实现了经济结构由低到高、不均衡到相对均衡的巨大调整，经济发展的协调性明显增强。建国初期，我国基本上是个农业国，1952年农业增加值占到国内生产总值的51%。60多年来，党中央、国务院一直十分重视产业协调发展问题，农业基础地位不断增强，工业和服务业快速发展。在改革开放的历史新时期，以工业为主的第二产业继续快速发展，第三产业占比也大幅提升。到2012年，第一产业增加值占国内生产总值的比重为10.1%，第二产业增加值比重为45.3%，第三产业增加值比重为44.6%。

第三，从基本经济制度看。新中国成立后，我国实行了高度集中的计划经济，改革开放打破了这种僵化的经济制度，通过持续不断地完善社会主义市场经济体制，既在深刻而广泛的

变革中坚持社会主义制度，又创造性地在社会主义条件下发展市场经济。社会主义经历过计划商品经济，计划经济与市场调节相结合，社会主义市场经济体制等阶段，之后不断形成和发展符合中国国情又充满生机活力的经济体制机制，形成在国家宏观调控下市场对资源配置发挥基础性作用的经济管理制度。这使经济活动遵循市场经济规律，提高了全社会资源配置的效率，解放和发展了社会生产力，保持了经济社会发展的强大动力和活力，社会主义市场经济的框架基本上建立起来。

第四，从对外经济看。1950年，我国进出口贸易总额仅为11.3亿美元，1973年突破百亿美元，1978年为206.4亿美元，1988年突破了千亿美元，之后贸易总额增长不断加快。2012年，我国外贸进出口总额为38667.6亿，比新中国成立之初增长了3400多倍！目前，我国加入世贸组织后，已经成为世界第一大出口国、第二大进口国，也是世界第一大外汇储备国、第二大外资吸引国和重要的资本输出国，实现了从封闭半封闭到全方位开放转折，对外贸易和利用外资规模均跃居世界前列。

第五，从人民生活水平看。新中国成立后，人民的生活水平不断改善，到20世纪末，已经总体上进入了小康社会。城镇居民人均可支配收入由1949年的不足100元提高到2012年的24565元，农村居民人均纯收入由1949年的44元提高到2012年的7917元。从耐用消费品看，彩电、洗衣机、电冰箱、空调、电话等在城镇地区基本普及，汽车、家用电脑等高档耐用消费品拥有量大幅提高。到2010年，城镇每百户拥有家用汽车21.5辆；电话普及率（含移动电话）103.2部/百人，互联网上网人数5.64亿人。我国已正式建成小康社会，生活水平实现了历史性的跨越。

可以说，中国人民以一往无前的进取精神和波澜壮阔的创新实践，坚定不移地推进改革开放和社会主义现代化建设，中国的经济实力、综合国力、人民生活水平都上了大台阶，中国的面貌发生了历史性变化。中国成功实现了从高度集中的计划经济体制到充满活力的社会主义市场经济体制、从封闭半封闭到全方位开放的伟大历史转折，中国经济快速发展，人民生活从温饱不足发展到总体小康，农村贫困人口从两亿五千多万减少到一千多万，政治建设、文化建设、社会建设等领域也取得了举世瞩目的发展成就！

中国的经济奇迹赢得了来自世界的广泛赞誉。在各类资料里，我找到了来自五大洲的赞扬之声。

在亚洲，韩国国家安保战略研究院研究员朴炳光说，过去5年，中国经济快速发展，老百姓的生活水平不断提高，经济社会发展取得了巨大成就。特别是在国际金融危机中，中国成功应对并走出危机，为世界经济的复苏作出了重要贡献。越南河内国家大学汉学家傅氏梅说，几十年间，中国的城市面貌发

生了极大的变化。可以说，城市是中国各地近些年发展变化的一个缩影，折射出整个中国发生的翻天覆地变化。总体来说，中国人民的生活得到了极大改善、生活水平不断提高，这既反映出中国的繁荣富强，也体现出中国政府对民生建设的重视。印度尼西亚网站编辑纳扎尔·帕特里奥表示，中国经济社会领域的巨大成就令全球瞩目。他说，中国近年来在基础建设、民生改善、社会保障方面投入良多，百姓也从国家的发展中获益，中国经济发展成就不只体现在数字上。

在非洲，埃及亚非作家协会会员、中国问题研究专家阿卜杜拉说，中国在推动社会进步、促进经济发展、加快民生改善以及强化、普及社会保障等诸多领域，都取得了令人刮目相看的巨大成就。"我相信，中国这条巨龙一定会更加富有活力，中国的前景一片光明。"坦桑尼亚多多马大学副校长金纳波对中国过去取得的成就表示由衷赞叹。他说，去年他到中国参观，亲眼看到了中国取得的巨大成就。他看到了中国健全的基础设施和先进的技术，认识到中国是一个真正的"经济巨人"。

在美洲，美中政策基金会会长王冀博士说，"一个十几亿人口的国家解决温饱问题，并且实现经济快速发展，这本身就是伟大成就。"美中合作发展委员会联合主席、马萨诸塞州共和党前执行主席哈金说，任何研究中国的人都知道，中国在非常大的困难和压力下，做出了很大的努力，经济社会发展取得了惊人的成就，在非常短的时间内，走完了西方几十年才完成的发展和变革历程，并成为全球范围内一个日益重要的合作伙伴。中国的成功，理应受到世界的尊敬。

在欧洲，英国中英贸易协会首席执行官史蒂文·菲利普斯表示，中国近年的经济发展令人激动，一些中小城市也表现出了很大的发展潜力，形成了非常具有吸引力的市场，这得益于政府努力促使中国更广大的区域共享发展带来的财富。俄罗斯科学院远东研究所首席研究员别尔格尔认为，中国在过去5年取得了辉煌的成就。在此期间，中国成功抵御了国际金融危机，成为世界第二大经济体。中国开始掌握尖端技术，在航空航天领域取得了前所未有的成绩，证实了中国也是航天强国。与此同时，中国百姓的生活也得到了提高。西班牙ESADE商学院教授、与中国对话项目主席奥古斯都·索托表示，中国经济发展所取得的巨大成就毋庸置疑，对西方国家来说，中国政府在应对国际金融危机上所表现出的强大能力让人印象深刻，这再次展示了中国政治体制的优越性。

在大洋洲，澳大利亚资源公司首席执行官、金融专家斯托伊科维奇女士说，中国经济的快速增长促进了国家财政收入的高增长，使政府有能力大幅增加在教育、医疗、社保等民生领域的投入。中国在经济建设、民生改善、社会保障等方面取得

了举世瞩目的成就。

如今，中国是世界上经济增长最快的经济体，超过4亿人摆脱了贫困。在人类历史上，还没有一个国家能像中国那样在这样短的时间内，使这么多人摆脱了贫困。任何不戴"有色眼镜"看中国的人都会承认，中国经济发展的高速度与规模创造了人间奇迹，令整个世界为之瞩目。带领全体中国人民创造这个奇迹的中国共产党，向历史、向人民交出了一份合格的答卷！

打开中国奇迹之门的"金钥匙"

中国道路的"经济篇"，无疑取得了辉煌的成就。那么，取得这些辉煌成就的原因是什么？其实，仁者见仁，智者见智，有一万名学者，估计就会有一万种答案。笔者认为，打开中国奇迹之门的，有三把关键的"金钥匙"。

第一把关键的"金钥匙"，就是确立了根本，也就是建立了社会主义市场经济体制。制度带有根本性、长期性，确立制度是取得成功的关键。1992年，中国共产党在第十四次全国代表大会上，正式提出中国改革开放的目标是建设社会主义市场经济体制。1993年，中共十四届三中全会通过了《关于建立社会主义市场经济体制若干问题的决定》，勾画了中国社会主义市场经济体制的基本框架。中国实施的社会主义市场经济体制，既区别于计划经济体制，又不同于资本主义的市场经济体制，它具有鲜明的自己的特征。笔者经过多年的研究，认为这些鲜明的特征一是社会基础自然资源实施公有制。由于社会基础自然资源实施公有制，国家和（各级）政府就可以统筹规划和安排社会基础设施建设(统筹规划和安排土地资源的使用)，使其较快发展。社会基础设施的建设情况，是发达国家和发展中国家的重要区别之一，也是发展中国家追赶发达国家的重要领域。以高速公路建设为例，中国的高速公路里程由1997年的4800公里，已快速发展到2012年的9.6万公里，世界排名第二（美国为10万公里）。中国的这种社会基础自然资源实施公有制的制度，一大优越性就在于能集中人力物力和财力干大事。比如，在实施社会主义市场经济体制后，中国完成了三峡水库、青藏铁路、西气东送天然气管道等人类改造自然、改善环境最宏伟的建设项目。在短时间内能够设计建成北京机场3号楼、许多奥运会场馆、上海洋山港等基础设施。这在西方人看来，是"不可能完成的任务"。二是实施"公有制为主体、多种所有制经济共同发展的基本经济制度"。对关系国民经济命脉的重要行业和关键领域，国有经济必须占支配地位。在其他领域，可以通过资产重组和结构调整，提高国有资产的整体质量。同时，国家也认识到要依法保护非公有制经济的合法权益，对个体、私营、"三资"企业等非公有制经济和混合所有

制经济，继续鼓励、引导，使之健康发展，这样可以使国家和人民得到多方面益处。三是实施国民经济宏观调控制度。相信但不迷信市场竞争机制的作用，只承认市场机制在合理配置社会资源的基础性作用，同时，更强调政府对社会经济活动的宏观调控。社会主义市场经济体制使调节社会经济活动的那一只"看不见的手"变成"看得见的手"，避免了经济活动的盲目性，保障了社会经济的基本的平稳发展，保证了中国经济没有大起大落。

第二把关键的"金钥匙"，就是抓住了机遇，充分利用各种有利因素形成发展"合力"。比如说，政府能根据形势及时调整国家的经济政策，根据不同发展时期的特点和需要实时制定调整经济发展战略，力求积极稳妥循序渐进地进行改革，保证了中国经济的持续稳定快速增长。在改革开放之初，通过实行承包责任制、"让一部分人先富起来"的政策迅速完成了资本的原始积累，起步快，积累快，为后续发展创造了条件。之后，实行了对外开放，创造了良好的投资环境来吸引外资和人才，加强国际经济合作，使国外的资金、先进技术和管理经验为我借鉴和利用，迅速缩短了与发达国家在经济技术管理经验上的差距。再后来，根据自身优势以及发展阶段需要制定经济发展战略，确立了出口和投资带动经济增长的模式，把中国建成"世界工厂"，与此同时，加入世界贸易组织，加快经济融入世界，把对外贸易发展作为拉动和支持经济增长的马车，主动减少政府对国际贸易的垄断和控制，促进了中国国际贸易的快速发展，剧增的国际贸易拉动支持了中国经济高速增长。利用自身体制优势进行宏观调控，对经济进行适度的干预，避免了经济出现大的偏差，数次宏观经济调控成效显著，减少了损失，保证了我国经济的持续快速增长。加强对新兴产业的资金扶持（例如IT产业、新能源产业），迅速形成相当规模的产业化，极大地缩短了投资产出周期。

第三把关键的"金钥匙"，就是注重了创新，在转变经济发展方式中赢得未来。改革开放以来，中国人民以一往无前的进取精神和波澜壮阔的创新实践，在农村土地管理体制、农产品购销体制、国家宏观管理体制、所有体制、分配体制、企业管理体制、价格体制、金融体制、财政体制、投资体制、内外贸体制、科技管理体制、教育管理体制、文化管理体制等多个领域，进行了空前的改革。注重创新，是中国取得经济奇迹的重要原因。如今，我们提出了加快转变经济发展方式。这是党中央审时度势，准确把握经济发展的阶段性特征，尤其是后金融危机时期，各种风险和不确定性因素增多的情况下做出的正确决断。为什么现在变得如此紧迫呢？一是我们既有的经济增长方式难以为继，我国自主创新能力不强，经济增长方式粗放，经济结构不尽合理，资源环境生态代价过大，农业基础依

然薄弱，节能减排形势相当严峻，一些涉及人民群众切身利益的问题还比较突出。二是我们原来是追求速度的，是追求规模的，没有速度，没有规模，就没有我们今天的国际地位。但经济发展到现在，如果说原来是追求速度的话，现在必须要求又好又快，在好的基础上快，追求经济增长的质量，这是一个新的时代要求。同时，国际经济格局发生了变化。西方国家金融危机后痛定思痛，要恢复实体经济，要加强出口，要在一定程度上改变那种透支式的消费方式。中国要根据这种变化而变化、而调整。一句话，面对当今的世界形势，中国要发展，不仅要靠GDP的数量，而且要靠GDP的物质内容，还要靠GDP的支撑是什么。清朝的时候，中国的GDP比英国大得多，占世界的33%，英国仅仅占5%，但是支撑英国GDP的是第一次工业革命的产物，而中国靠的是茶叶、丝绸和瓷器。在这样的情况下，中国挨打的命运是不可避免的。在我国发展面临的外部环境和内部条件发生了很大变化的情况下，突出加快转变经济发展方向，调整产业结构，加快发展现代制造业和服务业，增强第三产业比重，加快推进自主创新，加快转变政府职能，加快调整分配结构，是中国共产党的明智之举，也是确保中国道路继续走向成功的关键一招。

改革开放以来，中国在经济建设方面已取得了辉煌成就。我相信，伟大的中国人民，一定会再次谱写中华民族自强不息、顽强奋进新的壮丽史诗，在中国道路上走出中国气派、中国传奇！

中国是"国家资本主义"吗？

在中国人民在中国道路上阔步前进的时候，总会有一些"杂音"出现。比如说，有人说中国是"国家资本主义"。

什么是"国家资本主义"？国家资本主义指与国家政权相结合，由国家掌握和控制的一种资本主义经济。它的性质和作用决定于国家的性质。在资本主义国家里，国家资本主义为国家所承认并受国家监督，它有利于资产阶级和反对无产阶级。它实际上就是国家垄断资本主义，是为资产阶级统治服务的，是变相的私人资本主义。

笔者长期观察西方国家对中国的这一误解和判断。或许是无意为之，但也确实非常"巧合"。在我的印象中，美国的一些媒体如《经济学人》、《华尔街日报》等，先是推出了中国是"国家资本主义"的论断。之后，经过西方媒体的进一步"分析"、"研究"和渲染，大有"已成定局"之势。尤其有趣和耐人寻味的是，国内也有一些"学者"、"经济学家"与之遥相呼应，大有"山雨欲来风满楼"的感觉。

"国家资本主义"的要害是什么？就是中国已不是社会

主义了。在这个根本问题上"偷换概念"之后，一系列的指责会接踵而来：比如，中国通过控制国有资本、补贴国有资本搞不正当竞争，破坏自由公平竞争秩序，威胁了各国企业发展利益，等等。

其实，这些指责背后，隐藏的意图非常耐人寻味，那就是"要求限制中国国企进行跨国经营"。指责中国搞"国家资本主义"、要求限制中国国企，反映了国际上有一部分人仍不愿接受中国等新兴市场国家和发展中国家经济整体竞争力大幅提升这个事实，企图通过泼冷水、扣帽子、下套子为中国发展设置障碍。

中国是"国家资本主义"吗？当然不是。一个国家的社会性质是根据其生产资料的所有制来判定的，中国的生产资料是公有制，所以是社会主义国家。而资本主义国家的生产资料为私有制。中国走的是中国特色社会主义道路。中国实行的是以公有制为主体、多种所有制经济共同发展的基本经济制度。虽然也主张利用外国的和本国的资本，主张学习资本主义的先进技术、管理经验，但它从来都没有把资本主义当成目标，相反只是把它当作"解放生产力和发展生产力"的手段，同时也一再强调利用资本主义的前提，即"主体是社会主义"，强调"共同富裕"，强调社会发展的成果为人民共享，强调不能走

"两极分化"的邪路。

新中国成立后始终坚持社会主义的本质，充分发挥社会主义制度的优越性，在此基础上进行具体经济政治制度的安排和完善，进行相应体制机制的改革和调整，并据此在不同的发展阶段提出相应的发展战略。无视这些基本事实的人，在观察问题时就容易犯"只见树木不见森林"的错误，就会被中国主张利用外国资本主义、鼓励私营经济和允许小范围内地区存在资本主义这些现象所纠缠，就会看不到问题的实质，错误地把中国特色社会主义道路或者"中国模式"视作"国家资本主义"、"民主社会主义"、"市场社会主义"等这类归根到底是资本主义的发展模式。西方人士中也有公允之士。英国《卫报》刊登过一篇文章，英国作家威尔·赫顿说道："中国的发展道路非常独特，极具中国特色，它以自己独特的方式对待资本主义，它从没有把资本主义当成目标，而是把它作为实现目标的手段。它融合了资本主义的发展原理，但又受到国家的指导，而国家时刻牢记必须提高数以亿计的人民的生活水平和生活质量"。

中国也从来不支持国内企业谋取垄断利益。中国对外资和中资从来都是一视同仁的。中国政府致力于营造公开、透明、公平的市场和法治环境，加大知识产权保护力度，越来越多外

资把地区总部、研发中心设在中国。中国市场开放水平不断提高，"中国市场"已成为跨国公司在华投资的首要决定因素。在华美国商会一项调查显示，39%的美国企业认为在华利润率高于世界其他任何地方。对外贸易与合作方面，中国不刻意追求顺差，中国努力扩大进口，却受到某些国家出口管制的制约。一方面，他们坚称存在巨额贸易逆差，另一方面不但禁止向中国出口军品，还严格控制对华高新技术产品的出口。中国在履行加入世贸组织承诺方面的表现不亚于一些发达国家，甚至更出色。中国在核能、高铁、航天、石化等关键领域积极开展对外合作，一批民企却被无端拒绝进入某些"自由国家"的某些非敏感行业。比如，美国众议院情报委员会发布报告，拒绝中国华为和中兴两家巨头电信公司进入美国市场，认为其有中国政府和军方背景，会影响美国国家安全。这种歧视行为，本身就违背了美国自己所倡导的市场经济原则。

中国是"国家资本主义"的论调，可以休矣！

所谓"国进民退"辨析

从新世纪之初，所谓"国进民退"就是中国经济增长周期中一个被频频提及的现象。

随着全球金融危机的冲击，随着政府刺激经济计划的出台，它在瞬间被放大，成为社会热议的焦点，也逐渐演变升级为事关中国是改革还是倒退的体制之争。

随着"国进民退"而来的，还有"国企垄断论"、"与民争利论"，这些受到外界高度关注的概念，也引来一些人的附和。

所谓"国进民退"现象，到底是全面性的，还是选择性的？发生了"国进民退"现象的无争议领域主要是钢铁、化工、房地产、邮电、航空业等多个行业。其实，中国实行的是国有企业"有进有退"的战略。国有经济关系到国家安全，国民经济命脉的重要行业和关键领域，国家要保持绝对控制力，包括军工、电网电力、石油石化、电信、煤炭、民航、航运等七大行业。这一领域一些重要骨干企业发展成为世界一流企业。实际上，国家"有进有退"战略在近几年取得了较大的成功。2012年财富世界500强排行榜中，中国上榜企业已达79家，再次超越日本，上榜总数仅次于美国的132家。

必须说明的是，"国进民退"不是我国国策。根据笔者的观察，包括十八大文件在内的现有政策文件和部门官员讲话，并没有明显迹象说明中央提出了一种"国进民退"的战略或者政策，中央也在回避给社会造成一种出现或赞成全面"国进民

退"的看法。现在发生的"国进民退"现象，往往是一些具体部门、地方政府和特定国企的行为。不能因为个别领域"国进民退"现象增多而否定中国的改革开放大政方针。

【第五章】

独具特色的政治模式

——从政治视角看中国道路

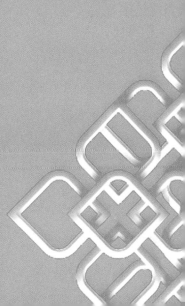

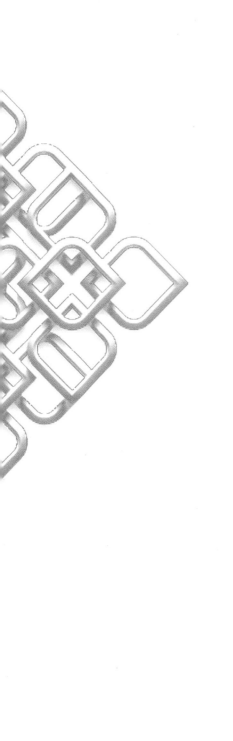

第五章

独具特色的政治模式

——从政治视角看中国道路

民主总是从细节开始

日前，中国互联网上出现了一个名为《领导人是怎样炼成的》动漫视频，中国的国家领导人首次以动漫卡通人物的形象出现在公众面前，不但引发国内网友热议，同时引起不少外媒关注。海外媒体称，中国新领导人习近平自上任以来一直以"接地气"的朴实风格被外界所熟知。而这段视频更是"俏皮"地描述了其如何成为中国最高领导人的过程。这段视频生动形象地改变了领导人在人们心目中的惯有形象，显得亲民可爱。

这是一个巨大的变化。国家最高领导人以动漫卡通人物的形象出现，如果在若干年前，是一个不可想象的事情。

笔者的父亲对我讲起过身边的变化。他说，过去出差坐火

车，只有一定级别的领导才可以坐软席。当他第一次在火车的软席上看到年轻人时，心里还有点别扭呢。

民主，总是从细节开始的。

从身边的一个个变化可以感受到，与国家经济建设、人民生活水平一起发生巨大改变的，还有普通百姓的政治生活。

从近几年开始，笔者在自己所在的单位，亲身感受着这种改变。比如说选举权。笔者参加了几次单位组织的区人大代表的选举。选举的程序很正规。还发给一个红皮的选举证，让人产生一种很神圣的感觉。

进入选举程序后，每人发给一张选票。选票上候选人的名单按姓氏笔划排序。赞成的，在姓名下的符号栏内画"○"；反对的，画"×"；弃权的，不画任何符号。选票上还写明，另选他人的，在另选人姓名栏内写上另选人的姓名，并在姓名下的符号栏内画"○"，不写"○"不计得票。

点票和唱票的程序也很规范。在点票和唱票的过程中，选民被要求不要离开会场，防止票箱被转移不公开点票，点票也很及时公开，随后点票公布结果。

发生这种变化的还有中国的立法机关——人民代表大会。近年来，各地人大对于政府的监督越来越有效，立法方面的民主化事实也已经成为一个明显的趋势。2005年9月27日，全国人大历史上第一次立法听证会举行，20名公众代表向中国最高立法机关表达他们对个人所得税起征点的看法。有专家说，"立法听证最终将成为一种行之有效的民主训练，成为民主宣传、民主教育的课堂"。

2004年3月14日，十届全国人大二次会议通过《中华人民共和国宪法修正案》，"国家尊重和保障人权"写入宪法。

2010年，十一届全国人大三次会议通过了关于修改选举法的决定，根据决定，全国人民代表大会代表名额由全国人民代表大会常务委员会根据各省、自治区、直辖市的人口数，按照每一代表所代表的城乡人口数相同的原则确定，实现了"同票同权"。

2011年7月，在90多家中央部门的网站上，部门年度财政拨款开支的"三公"经费第一次向世人公布。

中国政治领域大量规章制度接连出台，一些民主党派人士担任政府部门正职，党代会中差额选举的比例从代表提名到中央委员产生都有了新的体现。

如今，市民用自己的行动可以影响和改变政府原先的计划，达到维护自己权益的意图。比如说这几年经常有报道的，某地某个项目因为受到当地居民的反对而停止运作的消息。政府能遵从居民意愿，放弃带来丰厚经济利益的项目，说到底，就是民意在现实的政治生活中起作用了，民意可以改变一些具体的政治决定了。更让人乐观的是，这些事件并不是个案，我

们现在的体制不仅开始承认民众的这种参与，并鼓励这种参与。

民意可以改变政府的决定，这在30年前甚至15年前，都是不可想象的。

2007年4月，国家出台《中华人民共和国政府信息公开条例》，并于2008年5月1日起正式施行，这是我国首部有关保护公众知情权的法规。该条例的出台，对提高政府透明度，促进依法行政产生了积极而深远的影响。该条例在很大程度上保障了公民知情权与参与权，监督和保障了政府信息公开。

令人欣喜的是，信息公开已成为大势所趋，从各地、各部门设立"新闻发言人"，到各省市主动公开自己"三公消费"，人民的知情权，得到了充分的肯定和尊重。

以"表哥"为代表的网络事件，是中国的民意受到尊重的又一个例证。陕西安监局局长杨达才在陕西延安发生特大交通事故现场的"笑脸"照片和个人戴"名表"的照片在网络上被曝光后，纪委随即展开调查，杨达才成了又一名因网络被曝光而"下马"的官员。近几年，微博的不断发展壮大让其不但成为网民的信息交互阵地，还成为了民间网络反腐的前沿。论坛和微博的发现和揭露腐败力度越发强大，传播速度越来越快，网络监督的力量不容小觑，网络反腐已经成为制度反腐的一个有效补充。

政治建设的"五大亮点"

笔者惊喜地发现，网络上的"自干五"越来越多了。"自干五"是一个典型的网络词汇，表面意思是"自带干粮的'五毛党'"。现在，"自干五"用来形容理性思考，热爱祖国，掌握真理，维护政府，认为当前政治体制是最适合我国国情的，在网络上自发为党、为国家说话的人。

"自干五"这个词汇来自另一个网络词汇"五毛党"（或"五毛"），"五毛党"通常带有明显的负面和讽刺意味，用该词来讽刺受雇的网络评论员。（类似的网络名词还有"网评猿"，不常用的贬称还包括"红马甲"等）。一些所谓"普世价值"的拥趸们，之所以把这些人叫"五毛党"，是因为他们认定这些人在网上每发表一篇文章就会得到"五毛"钱的奖赏。

"自干五"们为什么越来越多？是因为越来越多的人认为，中国所走的道路是正确的。

新中国成立以来，特别是改革开放以来，我国的政治建设取得了举世瞩目的成就，笔者试着将其概括为"五大亮点"：

第一个亮点，是我国的三大基本政治制度进一步得到完善。人民代表大会制度、共产党领导的多党合作和政治协商制

度，以及民族区域自治制度是与我国人民民主专政的国体相适应的三大基本政治制度。改革开放以来，这三大制度都有了较大的发展和完善。社会主义基本政治制度获得了巩固和发展。1949年新中国建立，中国共产党在取得执政地位后，积极致力于发展社会主义民主政治制度建设。经过改革开放以来的探索和建设，人民代表大会制度作为中国人民当家做主的根本政治制度，其地位、职能和作用不断得到加强，中国各族人民通过人民代表大会制度牢牢地把国家和民族的前途命运掌握在自己手里；中国共产党领导的多党合作和政治协商制度在国家政治和社会生活中的重要性不断增强，爱国统一战线日益巩固和扩大；民族区域自治制度不断完善，维护了国家统一和民族团结，形成了各民族相互支持、相互帮助、共同团结奋斗、共同繁荣发展的和谐民族关系。

第二个亮点，是建设社会主义法治国家迈出了坚实步伐。60多年来特别是改革开放30多年来，中国的法治建设取得了巨大成就：确立了依法治国基本方略，中国共产党依法执政能力显著增强。到2010年底，涵盖社会关系各个方面的法律部门已经齐全，各法律部门中基本的、主要的法律已经制定，相应的行政法规和地方性法规比较完备，法律体系内部总体做到科学统一。在党中央领导下，经过各方面长期共同努力，一个立足中国国情和实际、适应改革开放和社会主义现代化建设需要，集中体现党和人民意志，以宪法为统帅，以宪法相关法、民法商法、行政法、经济法、社会法、刑法、诉讼与非诉讼程序法等多个法律部门的法律为主干，由法律、行政法规、地方性法规三个层次的法律规范构成的中国特色社会主义法律体系如期形成，社会主义经济建设、政治建设、文化建设、社会建设、生态文明建设实现有法可依。这是中国特色社会主义制度走向成熟的重要标志。

第三个亮点，是公民的民主权利进一步得到保障。改革开放后的第二年，即1979年，五届人大二次会议修订通过了《中华人民共和国全国人民代表大会和地方各级人民代表大会选举法》。此后，全国人大常委会于1982年、1986年、1995年三次对选举法进行修改、补充和完善。目前，我国的县、乡两级人民代表大会代表都由选民直接选举产生，县以上各级人民代表大会代表通过间接选举产生，即由下一级人民代表大会选举产生上一级人民代表大会代表。无论直接选举还是间接选举都依法实行差额选举。选民和选举单位有权依照法律规定的程序，罢免或者撤换自己选出的代表。多年来，享有选举权和被选举权人数占18周岁以上公民人数的99%以上，选民的参选率一般在90%左右。我国宪法和法律保护公民的宗教信仰自由、言论出版自由、结社自由等权利。据不完全统计，中国现有各种宗教信徒1亿多人，神职人员约30万人，宗教活动场所10万

多处。近年来，我国的新闻出版事业得到大力发展，特别是互联网发展迅猛，截至2011年，上网用户总数突破5.13亿人，互联网普及率达到38.3%。由于公民的结社自由得到保障，我国的社团组织发展也较快，截止2011年，中国有各类民间组织44.6万个，其中社会团体24.5万个，民办非企业单位19.8万个，基金会2200个。同时，公民的财产权、名誉权、姓名权、人格尊严、人身及住宅等权利都得到有效保障。

第四个亮点，是城乡基层民主政治建设有了进一步发展。扩大基层民主是我国改革开放以来民主政治取得的一项重要成就。目前，我国已经建立了以农村村民委员会、城市居民委员会和企业职工代表大会为主要内容的基层民主自治体系。在制度建设方面框架日益明晰。2010年11月9日，中共中央办公厅、国务院办公厅印发了《关于加强和改进城市社区居民委员会建设工作的意见》。2010年10月28日，《中华人民共和国村民委员会组织法》由中华人民共和国第十一届全国人民代表大会常务委员会第十七次会议修订通过。同时，逐步强化组织载体，城乡基层民主实践组织平台日益坚实。加强基层群众的民主选举、民主管理、民主监督和民主决策，用推动这四个民主来推动基层民主的自治。现在这四个民主作为制度已经建立起来，更好地使民主管理、民主监督和民主决策规范化、程序化。截至2012年9月底，全国已建立工会的企事业单位单独建立厂务公开制度的有395.5万余家，在国有企业、集体企业及控股企业实行厂务公开制度，进一步保障了职工的知情权和监督权。职代会在实行民主管理、协调劳动关系、保障和维护职工的民主权利等方面发挥了不可替代的作用。

第五个亮点，是党内民主有了较大的发展。这些年，党委内部的议事规则、决策程序进一步完善，推动了决策的科学化、民主化，更加注重发挥党的全委会的作用。建立了中央政治局向中央委员会、地方各级党委常委会向党委全委会报告工作和接受监督的制度。推行地方党委讨论决定重大问题和任用干部的票决制，探索扩大党内民主的多种实践形式，充分发挥党内民主对人民民主的示范和带动作用，形成了党内民主和人民民主相互促进共同发展的良好局面。党内基层民主建设也不断取得重大进展。把保障党员民主权利上升到体制机制层面，提出要以保障党员民主权利为基础，从改革体制机制入手，建立健全充分反映党员和党组织意愿的党内民主制度。增强党组织工作透明度、落实党员知情权，以党内文件、党内会议为载体，普遍设立党务公开栏，并充分运用报刊、广播、电视以及网络等社会媒介形式，党务公开的内容和范围不断扩展，实行发展新党员公示制和票决制。在基层党内选举方面，1994年1月颁发了《中国共产党地方组织选举工作条例》，使基层党内选举工作逐步向民主化、规范化、法制化方向发展。部分省市

进行的基层党组织领导班子直接选举(由乡镇全体党员直接选举乡镇党委书记)的试点，也受到了广大党员和群众的欢迎。2003年，《中国共产党党内监督条例(试行)》的制定与实施，既是党内监督规范化、制度化的重要标志，也是保证广大党员参与基层党内民主监督的重大举措。在近年来的实践中，许多地方建立和完善党内情况通报制度、党内情况反映制度和党内重大决策征求意见制度，重大决策公开和多层次咨询论证制度等，在基层组织疏通和拓宽党内民主监督渠道，使党内民主监督得到较好的落实。

亮点频现，辉映着雄伟而壮丽的中国道路。一句话，我国社会主义政治建设从理论到实践、从微观到宏观、从制度到观念，都取得了令人欣喜的重大发展和历史性进步。我国经济建设的成就举世瞩目，政治建设的成就同样可圈可点！

独具特色的政治模式

新中国成立特别是改革开放以后，党领导人民不断探索中国特色社会主义道路，在形成富有活力的经济模式的同时，也创造了"符合中国国情"的政治模式。事实上，中国的政治模式不仅给本国带来深刻变化，而且从许多方面体现了世界政治发展的根本规律与趋势，展示了人类社会解决重大政治问题的智慧，引起了许多国家的关注与研究。随着中国经济社会快速发展，在世界上不断展示影响力与竞争力，人们越来越深切地认识到：中国的政治模式在解决自身问题的同时，正逐步回答世界政治发展需要解决的一系列重要问题。

中国政治建设最根本的经验，就是坚定不移地坚持党的领导、人民当家做主、依法治国有机统一。

中国共产党是领导中国特色社会主义事业的政治核心和根本保证。它作为中国工人阶级的先锋队、中国人民和中华民族的先锋队，能够根据各个利益主体与政治发展目标间的关系，实现社会主义政治文明的建设目标。发展社会主义民主政治是一个历史过程，需要在亿万人民的政治生活实践中不断推进，而在这个过程中必须坚持发挥党总揽全局、协调各方的领导核心作用。如果没有党的领导，不仅什么事也办不成，而且国家、社会将陷于混乱。同时，党自觉接受民主党派、无党派人士的民主监督，认真听取批评意见和不同意见，共同防止和克服党内存在的消极腐败因素。

人民当家做主是中国社会主义政治文明的根本属性。社会主义国家的权力来自人民的同意和授权，政权的运作功能是表达和实现人民的意志和利益。我国的人民代表大会制度以立法和对行政、司法实行监督为主要职能。中国社会主义政治文明建设就是要真正实现绝大多数人对社会的统治和管理。

依法治国是中国社会主义政治文明的法制保障。依法治国，建设社会主义法治国家，是中国共产党领导人民治理国家的基本方略。它的本质在于依法治权，内核是充分体现人民意志的、在国家生活和社会生活中具有最高权威的法律和法规。

中国民主政治发展需要借鉴人类政治文明有益成果，但必须始终坚持一切从中国的实际、中国人民的根本利益出发，绝不照搬西方政治制度模式，绝不放弃我们自己从实践中探索出来又被实践证明是正确有效的根本政治制度。

坚持马克思主义在意识形态领域的指导地位，而不能搞指导思想的多元化;坚持只有社会主义才能救中国，只有中国特色社会主义才能发展中国，而不能搞民主社会主义和资本主义;坚持人民代表大会制度，而不是搞三权分立;坚持中国共产党领导的多党合作和政治协商制度，而不能搞西方的多党制;坚持公有制为主体、多种所有制经济共同发展的基本经济制度，而不能搞私有化和单一公有制。

始终注意与时俱进，激发全社会的生机与活力，但又保持政治结构的稳定性，绝不以造成社会动荡、影响民众的根本利益为代价。同时，越来越注意通过制度化、规范化、程序化，保持社会和政治运行的稳定性。

这些，都是中国政治建设给人们留下的有益启示和宝贵经验。

所谓"普世价值"、"宪政民主"

有人把西方一些国家的民主、宪政观念鼓吹为所谓"普世价值"，主张中国应把这些"普世价值"确立为指导思想，与国际接轨。所谓与国际接轨，其实就是与西方制度模式接轨。他们说，民主、自由、人权、公平、正义、平等、博爱等是"普世价值"，在这些"普世价值"面前没有必要区分姓"资"姓"社"，中国不应强调特殊性而自外于这些普世价值。"改革开放以来中国共产党所走过的历程，就是不断学习和实践人类普世价值的过程"。有人还提出"解放思想应该有核心目标"，这个核心目标"就是要确立普世价值"。主张无论是经济、政治还是社会、文化方面的理论创新，都必须以"普世价值"为尺度，跟国际上的民主、宪政等主流观念接轨。一时间，"普世价值"成为时髦的流行语。

耐人寻味的是，"普世价值"一词也出现在美国奥巴马政府的《国家安全战略报告》中。

美国国情咨文里为什么把输出"普世价值"作为重大的国家战略？因为所谓"普世价值"是西方进行文化渗透，进行意识形态渗透的一个最新的武器，它造成的后果就是让人们产生一种颠倒心态，其要害是摧毁社会主义国家，尤其是中国走自

己道路的信心。所以说"普世价值观",是西方现在进行意识形态渗透的最重要的一个手段。

真的有"普世价值"吗?1994年,卢旺达胡图族总统飞机坠落遇难身亡,引爆了该国长期存在的种族矛盾和血腥仇杀。短短100天内共造成100万人死亡,200多万人流离失所。我清楚地记得,当时我还正在上大学,在大学的图书馆里读报纸,看到了这些消息。这个非洲小国总人口才800万,居然有100万人在短时间内遭到屠杀!

最开始,我天真地认为,以"人权"为价值观的美国一定会出手。然而,我失望了。以美国为首的西方世界,对此表现得出奇冷静,竟然不对制造此次惨无人道的灾难进行谴责,更没有惯常使用的所谓"干预"。

许多年之后我才明白,因为美国的利益不在那里。

许多年之后,随着自己知识的增长,我的疑问也越来越多了:为什么西藏是人权问题,台湾是人权问题,俄罗斯的车臣是人权问题,科索沃是人权问题,而西班牙对巴斯克大开杀戒不是人权问题,土耳其派军越境到伊拉克追剿库尔德人不是人权问题,英国在北爱尔兰滥杀无辜也不是人权问题,加拿大的法裔魁北克人的独立诉求还不是人权问题?

美国为什么至今不加入联合国的"经社文权利公约"和"儿童权利公约"?美国为何迟迟不签改善全球环境的"京都协

定"?美国是金融危机的始作俑者，为什么一面在世界上推销贸易自由主义，一方面在制定应对金融危机政策时又顽固地执行贸易保护主义政策？

我们单位一位领导出访东南亚一些国家后，回来后的最大感受是：美国推销的"民主"、"自由"给当地带来的不是什么繁荣，只有混乱。印度号称世界上最大的"民主国家"，然而在联合国公布的全球贫困人口中，印度以4.5亿居全球首位。

伊拉克是美国亲手推行普世价值的国家，实行美式民主多年，这个曾经是中东地区教育水平最高、医疗设备最为先进、基础设施最为完善的地方，如今变成了世界最不安全、人权最得不到保障、腐败高居世界前列的国家。

更具有讽刺意味的是，根据英国每日电讯报评选的全球高危的20个国家和地区，大多数都是"民主国家"！

在一次与朋友聚餐时，一个在中央党校学习的朋友给大家讲了一个事，让人印象深刻。

写过《古拉格群岛》、全盘否定过斯大林，在西方的"力推"下得到诺贝尔文学奖的索尔仁尼琴，在苏联解体后返回家乡，一路上见到的都是废墟和混乱。他在反思后说了一句实话："我害了俄罗斯祖国"。

曾经亲自参与签署协议将苏联解体的三巨头之一、乌克兰前总统克拉夫丘克后来说："如果说在1991年，我知道国家

会发展到今天这样的状况，我宁愿斩断自己的手，也不会签署（导致苏联解体的）别洛韦日协议。"

俄罗斯科学院一位院士说："把苏联送入停尸间的不是别人，而是我们苏联人自己。我们俄罗斯人以我们自己的沉痛灾难为代价，成为耶稣，悲壮地走上祭坛，向世人和历史宣告：苏联的'民主化'、'私有化'完全是一条绝路、死路。个别超级大国绝对没有安好心，其他国家民族千万不要重蹈我们的覆辙。"

没有按照所谓的"普世价值"走"民主"、"自由"之路，而是走出了一条中国特色的社会主义道路，是中国之大幸！

"普世价值"还有一个"附产品"，就是所谓的"宪政民主"。有的人说，中国有宪法，没有宪政。言下之意，中国一团糟，人民"生活在水深火热"之中。这是典型的以偏概全。人民收入普遍增长，世界上最大、覆盖面最大的社保网络建立，没有人民当家做主可以实现吗？农业税免除、义务教育免费，没有人民当家做主可以实现吗？农民有了基本医保、收入分配制度改革正在扎实推进，没有人民当家做主可以实现吗？人民的公民权利得到最基本的尊重，人们可以自由地发表意见，没有人民当家做主可以实现吗？当然，中国现在也并非十全十美，但哪些是全局问题，哪些是局部问题；哪些是体制问题，哪些是执行出现偏差问题，还分不清吗？可笑的是，讲中国有宪法、没有宪政的一些人，有的还是所谓的高级知识分子，怎么连基本的哲学道理"全面地、辩证地看问题"都不懂？难道他们奉为"宗师"的某些国家，在监狱里虐囚、粗暴践踏最基本的人权，用战争的手段干涉别国内政、公然使用给当地造成生态灾难的"贫铀弹"，就是实行了宪政？

充满效率的执政方式

以美国为发源地、席卷全球的经济危机，动摇了全球对资本主义体系的信心。这个时候，中国的成功自然就吸引了全球的目光。更何况，同样是面临经济危机的冲击，中国却在危机中完成了一次漂亮的"逆势飞扬"。

曾经攻击过中国"一党独裁"、"一党专政"的人们，也不得不陷入了深深的思考：为什么中国创造了奇迹？有的说，中国勤劳、节俭，储蓄率高，从而为投资提供了巨大资本。有的认为，中国具有庞大的廉价劳动力，是人口红利效应，因此出口导向的发展战略得以成功实施，并成为全球化最大的赢家。或许是有意的，也或许是无意的，他们都回避了政治制度的因素——中国共产党的领导，这才是中国经济成功的真正原因。

一些人最不愿意承认、最不愿意看到的事实出现了：难道

是中国的一党制优于西方的多党制？

笔者认为，中国的共产党领导下的多党合作制，与西方的多党制相比，是存在不少优势的。

优势之一，在于连续性。可以制定国家长远的发展规划和保持政策的稳定性，而不受立场不同、意识形态相异、政党更替的影响。在欧洲，当英国、法国的左派和右派政党上台之后，国家发展政策立即改变，要么实行大规模的国有化，要么实行大规模的私有化。在美国，民主党执政，一般就采取对富人增税、对财团开刀、对穷人补助的政策，共和党执政，则采取对富人减税、扶持财团的立场。每一次的摇摆都会对国民经济产生不同程度的损害。

优势之二，在于高效率。就在笔者写这篇文章的时候，中国的国庆节期间，美国上演了政府关闭的惨淡一幕。美国政府为什么会关门"停摆"呢？根据美国立法程序，在年度财政预算没有获批的条件下，参、众两院必须通过完全相同版本的临时拨款议案并送交总统签署生效，才能确保联邦政府继续运作。9月30日是2013财政年度的最后一天，但是美国民主党与共和党就总统奥巴马的医疗改革计划互不让步，国会未能通过新财政年度临时拨款预算案，预算案不通过，政府就拿不到办公经费，部分部门只能暂时关门。据美国的民调显示，25%民众认为共和党国会议员应对此负责；仅5%民众表示民主党处理不当；认为错在奥巴马的占14%；而44%受访者表示各方都有错。总之，是在互相"扯皮"。而中国这种体制的优点，就是大家所说的有利于"集中力量办大事"。在2008年汶川地震抗震救灾中，中国高速有效的动员能力，震撼了世界。集中力量办大事的公共治理模式，是中国特色民主制度的生动实践，是民主集中制原则在既定状态下的灵活运用。这次抗震救灾的集中力量办大事治理模式的有效性，充分见证了应急状态下"积极国家"的正当性。与之对比的是，美国发生卡特里娜飓风之后抗灾的"低效率"，反证了自由主义"消极国家"的缺陷，而"有限政府是最好的政府"、"公共问题化整为零"和"充分的社会自治"等价值观，在紧急、非常态化条件下的失灵和失控，印证了最合理的国家应当是"消极角色"与"积极角色"配置均衡的国家。

优势之三，在于负责任。一谈到中国，西方往往套以"绝对权力，绝对腐败"的说辞。其实，"绝对权力也往往意味着绝对责任"。在所谓民主国家（或地区），出了问题可以推诿。执政党说是在野党不配合（如台湾的民进党时代），在野党成为执政党之后，又推卸责任是前者造成的。不仅如此，对跨越政党任期的项目，往往会首先被牺牲掉。台湾计划兴建第四核能发电厂，原本是为了供给当地人民充足而便宜的电力，不幸它卷入台湾蓝绿政治斗争的漩涡，愈陷愈深见不到天日。

"核四"建到一半，台湾发生政党轮替，陈水扁下令停工，后来又决定继续施工，经过这场反复，整个工程预算大幅度增加。"核四"如果按目前的进度和预算，将是全世界最昂贵的核电厂。更令人担忧的是，"核四"已经拖了近20年，现在还在争论不休地原地打转。与台湾"核四"相对照，北京首都国际机场3号航站楼，建筑面积90多万平方米，新增机位99个，新建一条长3800米、宽60米的跑道，新建北货运区，配套建设场内相应交通系统，以及供水、供电、供气、供油、通导、航空公司基地等设施。2004年3月26日，3号航站楼批准扩建工程开工，首都机场开始三期扩建工程。共征用了22200多亩土地，搬迁了9个村庄，共涉及1.2万人。扩建工程于2007年底全面竣工，仅用了3年多时间！

优势之四，在于惜人才。中国的人才培养和选拔机制可以避免人才的浪费。中国政治人才的培养是一个漫长的过程，尤其是高端政治精英，必须要有足够的基层历练，可以说能力是最主要的标准。但在所谓"民主国家"，影响选举的因素众多，如宗教信仰、性别、种族，以及是否会作秀和演讲、是否有足够的金钱支持以及政治裙带。像奥巴马，仅仅做过参议员，连一天的市长都没有做过，可以说没有丝毫的行政经验，结果却被选出来管理整个国家。这在中国可能吗？此外，由于不同政党的存在，整个国家的政治人才被政党切割成几个部分，并随政党共进退。一党获胜，哪怕原来的政务官再有能力，也统统大换血，造成人才的浪费。中国的层层选拔制，有意识的人才培养体系，要胜于西方通过选举方式产生领导人的模式。

优势之五，在于全民性。中国共产党代表"中国最广大人民的根本利益"。中国共产党公开宣称，没有自己的任何私利，不论是革命还是执政，一切都是为了人民。西方的多党制下，每个政党代表的利益群体是不同的。或者代表大众，或者代表财团。英、法、美三国均如此。但不管代表谁，没有一个政党是全民政党。上台之后，施政只能偏向支持自己的群体，中央政府则借转移支付的手段，对同党执政的地方大力倾斜。

"一党执政"并不等于"一党专政"。只有通过对比和思考，才会发现，事实原来如此。

一篇值得深思的帖文

最近，网上有一篇帖文得到网友的认可并广为流传。文章写得比较精彩，道出了人民群众的心声。

这篇帖文，就是周小平在新浪博客上发表的《你的中国你的党》。

在这篇帖文中，周小平先是列举了在旧中国，中国人的种

种悲惨命运，然后通过新旧对比，比较客观和有说服力地指出了新中国的巨大进步。

然后，周小平在帖文中说，走到今天2013，回望历史这一个个惊魂动魄的历史瞬间，我们不由得发自内心地感谢我们的父辈。我不知道是怎样的精神力量和信仰支撑才使得他们在如此悲怆的绝境中毅然选择了向西方奋起抗争而不是放弃，但我想那种信仰和力量即便用再华丽的辞藻去形容都丝毫不会过分。

帖文说，如今的网络已经全面沦为西方资本和舆论的传销营地，无数洗脑段子、吹捧欧洲以及美日的故事、无数被夸大成体制问题的个案，日渐灌满了人们的耳朵，让人们开始质疑陪伴我们一起成长起来的中国共产党。但是，亲，请回顾历史审视现在，在静下心来认真想一想，我们为什么不能轻信谣言与荒谬。我们不能放弃父辈堆砌起来的理想和斗志，因为这个世界有太多的不公平依然存在，等待着我们去打破。因为尽管中国承担了全世界75%的生产工作，却依然只能拿回1%的利润。

帖文说，美国用石油美元、海洋运输军事霸权、世界贸易话语权垄断等方式残酷地剥削着我们的劳动果实，所以就算我们不忠于父辈的理想，我们起码要忠于自己的利益，如果我们今天选择了自我麻痹，甚至自我毁灭，那么我们很快就会退回到1942。苏联解体后老百姓的存款一夜之间贬值了一万倍，人均寿命倒退回56岁；南联盟的化工厂炼钢厂被炸毁之后，东欧的女子一夜之间整体沦为妓女；此外还有伊拉克、利比亚、叙利亚不断上演的砍头和虐杀惨剧在警醒着我们这一代中国人。请不要相信公知、请不要相信公知、请不要相信公知。

帖文说，美国不惜一切代价地要我们搞一人一票的制度，究竟是为什么？我可以告诉你的是：当年的中国就是一人一票，而且是在美国的亲手指导下制定立法建立的。民斗份子今天会告诉你说："选票保障了你的权力。"但周小平向您保证，选票实际上什么也保障不了。因为一人一票选出来的总统只有两个可能。第一：他掌握了实权，最后他必然不肯下台，比如袁世凯。第二：他没掌握实权，只不过是傀儡，比如曹锟。混乱的中央导致了中国各地军阀纷纷独立，中国从此走向四分五裂，沦为美国、欧洲的免费劳工和炮灰的来源地。不仅中国人被当做猪仔输送到美国去白白干活，活活累死。还被当作免费炮灰被输送到欧洲战场去扛炮弹、排雷、背伤员，最后在战场上活活炸成烂泥。

帖文说，既然一人一票的民主选举必然会乱，那为什么美国自己搞选举没有乱呢？民斗份子会告诉你说："中国是被选举，美国是民主选举，民主选举不会乱。"但实际上他们不能告诉你真相，真相是："美国总统是由选举人选出，就相当

于中国的人大代表。"我们看到的美国全民大选其实胜负在于"选举人团"。而操纵法律的"国会议员""议员"也是美国实际当权者，即："实际控制军队和银行以及媒体的实权派"通过自己垄断的媒体机构推荐给你的3、4个人中让你选一个，你可能根本就不认识他们但也只能从中去选，而不可能你想选谁就是谁。就算你不选，或者你选了自己，也还是他们当选，绝无第二种可能。就好像每天QQ或者新浪上给你弹出某个人的主页，就算你再恶心他们，再不认识他们，再懂得他们只是在说好听的谎言，也无法阻止他们的支持者和粉丝一夜之间就会暴涨几十万一模一样。

帖文说，我们今天在网络上，有媒体爆出某某官员包了情妇，然后就被抓了，被判了。然后民斗份子就会从网络上告诉你说："你看共产党不行了，败坏了。"可是，如果是有大官在上班时间和情妇厮混被曝光了呢？他们估计就会更加煽动你去造反。周小平告诉你，这种事真的发生了，只不过那个官是美国的官。然后民斗份子又会告诉你说："哎呀，你看美国真好，他们的官不敢乱来，就算乱来了，也会上新闻。"最后结果是什么？结果就是克林顿继续安坐总统宝座，谁也不敢拿它怎么样。有时候又有某某官员抽了天价烟的帖子到处疯传，民斗们又鼓动你说："快看，共产党官员无耻，烂了，臭了，快去造反。"然而不久等外国媒体也报道出法国总统顿顿吃饭都要花1.5万欧元，根据财政预算显示仅去年一年法国总统一人的饭钱就高达9600万欧元的时候，当报道出美国总统奥巴马全家聚餐一顿就花了400万美元、一部手机就值2700万美金的时候，民斗们又会纷纷对你说："哎呀，我们连中国政府自己都没管好，哪里有功夫管人家的事，真是垃圾、败类。还不赶紧向人家学习……"

帖文最后说，共产党有腐败，要纠正，要监督；社会有不公平，要铲除要遏制。这些年你能看到的东西越来越多就正是共产党选择纠错透明的自我进步。但是，我们绝对不能因此就选择傻乎乎的开始内斗。接受美国推销来的制度圈套只能让美国人得逞。因为那样的话，我们过的那就不是现在的这种生活了，而是全中国百姓的存款被抢光，全中国人再度沦为猪仔的生活。一如过去的历史，一如今天的伊拉克或利比亚。自觉抵御网络民斗洗脑，守护自由思考的权利。

之所以大段引用周小平的网络文章，就是因为我认为这篇帖文说出了我们大部分有自己思考的中国人，对所谓"普世价值""宪政民主""自由""人权"等漂亮谎言的深刻认知。

有些国家，从来都是具有"双重标准"的，从来都是"只许州官放火、不许百姓点灯"的！

今年6月初，先后供职于美国中央情报局、国家安全局的

斯诺登实名披露了包括"棱镜"项目在内的美国政府多个秘密情报监听监视项目，引起世界震动。以"人权卫士"自称的美国政府，严重侵犯人们的"隐私权"，通过IBM、英特尔、微软、雅虎等跨国公司对美国境外甚至美国民众的私人电话、互联网信息、电子邮件进行监听监视。斯诺登事件，让全世界看清了美国双重人权和标准的伪善本质。

【第六章】

走向世界的国家软实力

——从文化视角看中国道路

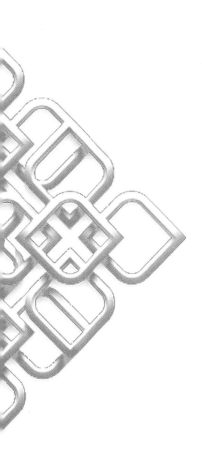

第六章

走向世界的国家软实力

——从文化视角看中国道路

中国，"软实力"正在走向世界

2009年11月的一个周末，笔者从意大利的圣雷莫赴法国的戛纳。先从圣雷莫的公交车站坐大巴到意法边境的一个小镇Ventlmlglia，从这里转火车到戛纳。

Ventlmlglia是一个很小的边境小镇，没有中文译名，我只能根据发音称之为文特格力亚。买了火车票后，还有几十分钟，我就在这小镇火车站周围转了转。

有欧洲格调的咖啡馆，有水果超市，还有晴朗的蓝蓝的天空。一切都让人感到舒适美好。在美好的心情中，我向迎面而来的一对年轻情侣打了个招呼：Hello！然而，令我惊讶的事情发生了，那对情侣中的小伙子，居然用汉语对我说：你好！

在意法边境的一个小镇，居然有人会汉语，真的让人难以

置信!

语言是文化的载体。有外国人学习汉语，就意味着中华文化正在走向世界。目前，孔子学院已在108个国家建立了400所孔子学院和500多个孔子课堂。2012年，各国孔子学院和课堂注册学员总数共计65.5万人。举办各类文化活动1.6万多场，参加人数948万人。参加各类汉语考试学生数达到50万人次。据统计，全世界有4000万左右的"老外"在学习汉语！

中国文化的影响，越来越大了。中华民族的传统佳节——春节，如今已是国际化的节日。每当春节来临，世界各国的首脑纷纷向海内外的中国人祝贺新年。澳大利亚总理、日本首相，一大群外国政要，纷纷通过中央电视台卫星连线，向中国人民拜年，在屏幕上大秀有点生硬的汉语。

越来越多的"老外"，对农历新年由好奇、欣赏直至加入欢庆。像纽约、旧金山、悉尼等地还把春节作为公共假日写入法规，显示出这一节日越来越浓重的国际色彩。在加拿大，还发行以12生肖为主题的邮票，表明中国传统文化在海外的认同度不断提高，更表明春节已经越来越国际化。

中国春节已经逐渐成为一个世界性的节日，成为中国软实力最好的象征。

在文学界，中国作家莫言获得了诺贝尔文学奖。德国《世界报》发表评论称，这不仅是莫言的成功，也是中国全球软实力战略的成功。"莫言是一个开始",英国contactmusic网站写道,中国作家莫言获得今年诺贝尔文学奖不应是意外。跟许多奖项一样,诺贝尔奖经常受到当时的政治、社会和经济环境的很大影响,随着中国越来越走向世界经济的前台,现在似乎是以更多方式汲取中国文化的适当时机,也希望今后能开启一个各地区平等的新时代。

在体育界,中国国家网球队培训出来的网球选手李娜,在成为第一个闯入世界级比赛决赛并夺得大满贯单打冠军后,变得举世闻名。名表劳力士、冰淇淋生产商哈根达斯、梅赛德斯—奔驰汽车和皇冠赌场因为她的精彩表现和越来越大的影响力,而纷纷与她签订赞助协议。中国运动员中,具有全球影响力的还有一百一十米栏名将刘翔和篮球运动员姚明等,他们的形象,也不断扩大着中国体育在国际社会的影响力。

在电影界,近几年来好莱坞的中国元素呈现出爆发的趋势。进入新世纪以来,几部大热的好莱坞电影,如《功夫熊猫》、《2012》、《黑暗骑士》等等,不仅都出现了中国元素,甚至将中国元素作为卖点。让人感慨的是,上世纪20年代,美国资深推理小说作家罗纳德·诺克斯提出了被后世奉若圭臬的"诺克斯十诫",为后世相关文艺作品的实践提供了经验和框架。"诺克斯十诫"中有一条是:No Chinamanmust figure in the story(不准有中国人出现在故事里)!当时,美

国电影中即使有中国人的形象，也都是蜡黄的皮肤、狡诈的计谋，留着晚清的长辫、说着天书般的语言，并且时常成为神秘主义与异教的载体。

如今，好莱坞乃至世界电影对中国人的提及，与其说是对中华文明之"博大精深"的好奇，不如说是一种对正在崛起的"世界第二大经济体"了解的渴望与冲动。

按照美国学者约瑟夫·奈的观点，一个国家的综合国力，既包括由经济、科技、军事实力等表现出来的"硬实力"，也包括以文化、意识形态吸引力体现出来的"软实力"。一个国家有一种比坦克、大炮更重要的力量，这就是文化的力量。一个国家的文化和价值体系有吸引力，别国就会自动向其靠拢。一个国家的价值观支配了国际政治秩序，他就必然在国际社会中居于领导地位。

世界越来越多的人意识到，中国文化是世界文化中无法被绕开、无法被忽视的一部分。

静悄悄的改变

笔者的业余爱好之一，是到美术馆看各种展览。在紧张的工作之余，欣赏高水平的书画展览，可以提高自己的审美情操，让心灵得到净化和愉悦，是一件多么有意义的事。

有一天中午，我再次来到中国美术馆时，忽然发现：观看展览免费了。

笔者居住的小区，东面就是柳荫公园，以前到里面散步，要收一块钱的门票费。直到有一天，我也忽然发现，到公园里散步，也不要钱了。

中国的魅力，就在于她总有变化，甚至每月、每天都有变化。

中国文化建设的变化，每个人都有深深的感触。

改革开放后，中国的文化发展进入新的阶段，找到了一条中国特色社会主义文化发展的道路，各项文化建设成就斐然，我国文化建设进入了历史上最好的发展时期之一。

证明之一：树立起社会主义核心价值观体系。2001年9月党中央颁发《公民道德建设实施纲要》以来，我国公民道德建设取得显著进展。公民道德建设在继承中创新、改进中加强，呈现扎实推进、蓬勃发展的良好态势，坚定信念、热爱祖国、服务人民、奉献社会、促进和谐成为人们精神风貌的主流。党的十六大以来，党中央带领广大干部群众着力建设社会主义核心价值体系，弘扬民族精神和时代精神，倡导社会主义荣辱观，思想道德建设和精神文明创建活动深入开展，公民道德素质和社会文明程度显著提高，全党全国各族人民团结奋斗的共同思想基础得到进一步巩固。

证明之二：文艺创作空前繁荣。各级文化部门不断加强对艺术创作的扶持和引导，组织中国艺术节、中国戏剧节等活动，开展文华奖、群星奖评奖，实施国家舞台艺术精品工程和国家重大题材美术创作工程，为艺术创造搭建展示舞台，营造良好环境。广大艺术工作者积极响应时代的呼唤，坚持贴近实际，贴近生活，贴近群众，以昂扬的状态、创新的精神投入艺术创作活动。文艺百花园姹紫嫣红，异彩纷呈。文艺批评深入开展，昆曲、京剧等艺术的专项振兴规划相继实施，传统艺术焕发了新姿。"文化下乡"、"高雅艺术进校园"等活动坚持不断，活跃了基层群众的文化生活，提高了青少年的艺术修养。

证明之三：公共文化服务覆盖全国。人民基本文化权益得到进一步维护。公共文化设施建设力度加大，逐步建成覆盖城乡的公共文化服务网络。截至2012年底，全国共有公共图书馆3076个(其中县级公共图书馆2683个)，文化馆3301个(其中县级文化馆2919个)，乡镇(街道)文化站40575个。创建文化先进县活动、全国万里边疆文化长廊建设工程、知识工程、蒲公英计划、全国文化信息资源共享工程、送书下乡工程、流动舞台车工程等文化工程相继实施，扩大了公共文化服务的覆盖面。我国各级各类国有博物馆、纪念馆、美术馆、有条件的爱国主义教育基地等逐步实行优惠或者免费开放。"十一五"期间，覆盖城乡的公共文化服务体系已经初步建成，即国家级、省、市、县、乡、村六级，使老百姓在很小的半径范围内，不出5公里、10公里，就可以参与文化建设、文化创作、文化活动。

证明之四：文化体制改革取得佳绩。近年来，我国文化产业从无到有、从小到大，规模实力不断增强，初步形成以公有制为主体、多种所有制共同发展的产业发展格局。文化产业已成为满足人民群众精神文化需求、促进文化繁荣发展的重要途径，成为转变经济发展方式、推动科学发展的重要力量。各地各有关部门加快构建现代文化产业体系，做大做强一批骨干文化企业，推动文化与科技、商贸、旅游、金融等深度融合，促进文化业态更新和产业转型升级。第五届中国"文化企业30强"企业总主营收入首次超过2000亿元，比上届增长28％。全国共有41家文化企业在A股和香港H股市场上市，证券市场的文化企业板块初步形成。资本、产权、人才、信息、技术等文化要素市场建设步伐加快，社会资本参与文化产业的渠道更加畅通，非公有制文化企业的积极作用日益发挥。全国已有民营文艺院团10000多家，混合所有制及民营广播影视制作经营企业5000多家，民营企业在印刷复制企业中比重占80％以上、在出版物发行企业中占70％以上。文化产业在国民经济中的比重不断增加，日益成为经济发展新的增长点。据统计，截至2013年4月，我国共有文化及相关产业法人单位69.8万家。2005—

2012年间，文化产业法人单位增加值年均增长超过23%，高于同期GDP年均增速。文化产品创作生产蓬勃发展，涌现出一大批思想性艺术性观赏性相统一的精品力作。目前，我国图书出版、电视剧生产居世界第一，电影票房居世界第二。电影票房从2003年的11亿元，增长到2012年的170.73亿元。

证明之五：文化遗产保护成效显著。随着时代的发展和观念的进步，文化遗产保护领域逐渐拓宽，保护体系日臻完善。普查建档工作深入开展，中国民族民间十部文艺集成志书编纂工作收集资料多达100亿字，第三次文物普查共调查登记不可移动文物40多万处。国家、省、地市、县四级遗产保护名录体系逐渐形成，国务院先后公布6批2351处全国重点文物保护单位，2批1028项国家级非物质文化遗产名录项目，109座历史名城，251个历史文化名镇、名村。布达拉宫等历史建筑的保护和修缮成效显著，三峡水库等国家重点工程的考古工作深入开展。长城等大型遗址保护稳步实施，工业遗产、乡土建筑的保护逐渐提到工作议程。非物质文化遗产项目代表性传承人命名活动广泛开展，闽南、徽州、热贡和羌族文化生态保护实验区相继设立，促进了文化遗产的传承和文化生态的保护。世界文化遗产申报和保护取得突破，我国拥有世界文化遗产38处，居世界第三，4个项目被列入"人类口头和非物质遗产代表作"名录。"文化遗产日"宣传活动广泛开展，文化遗产保护深入人心。"中华再造善本工程"、"中华古籍保护计划"顺利实施，典籍保护得到加强。

证明之六：文化"走出去"战略大获成功。多个"中国文化中心"在海外成立，截止到2011年9月，正式运营的海外文化中心达9个。文化部代表中国政府已与148个国家签订了文化合作协议，并签定了近800个年度执行计划。一系列重大的文化外交活动如"中法文化年"、"中俄国家年"、"中日文化体育交流年"等极大地提升了中国文化的国际影响力。加大对文化出口重点企业和项目的扶持力度，推动越来越多的文化企业进入国际市场，文化产品和服务进出口逆差逐步减少。图书版权进出口比例由2003年的9：1下降为2010年的3：1。2011年第七届中国(深圳)国际文化产业博览交易会总成交额突破1200亿元，其中出口交易额超过120亿元，比2006年增长了近4倍。中国主流媒体的国际传播能力也不断提升。2008年，美国《新闻周刊》根据美国、加拿大、英国等国家的网民投票，评选出进入21世纪以来世界最具影响力的12大文化国家以及这12个国家文化的20大形象符号，中国文化仅次于美国居世界第二位。

我们怎能忘记，就在前几年，当中国电影票房过百亿的时候，却发现国外电影占据了半壁江山。

我们怎能忘记，就在前几年，当搜罗中国出版界优秀的儿

童书籍时，却发现已被外版书夺去了大半市场。中国整个图书业市场份额、500多家出版社收入的总和加在一起，竟然没有德国贝塔斯曼集团一家的年收入！

这些年，我们在静悄悄地改变。

只有了解历史并做出比较，才会发现成绩的可贵。

中国领导人的"战略眼光"

从国家战略层面推进文化建设，说明了中国领导人的"战略眼光"。

高度重视文化建设在各个历史时期的战略地位和作用，是中国共产党的一贯主张和基本观点。新中国成立后，党庄严宣告，"近代世界历史上那种看不起中国人，看不起中国文化的时代应当完结了。伟大的胜利的中国人民解放战争和人民大革命，已经复兴了并正在复兴着伟大的中国人民的文化。"

改革开放后，"社会主义精神文明"成为党领导中国特色社会主义事业的文化力量。党始终强调精神文明是社会主义社会的重要特征，物质文明和精神文明"两手抓，两手都要硬"，两个文明都搞好，才是有中国特色社会主义，确立了社会主义精神文明建设在社会主义现代化建设总体布局中的战略地位。上世纪90年代，党创造性地提出"有中国特色社会主义文化"这一科学概念，并从建设有中国特色社会主义整个事业的大局和整个世界的大局来考察文化建设，认识到只有经济、政治、文化协调发展，才是有中国特色社会主义，"社会主义现代化应该有繁荣的经济，也应该有繁荣的文化"，认识到"国家要独立，不仅政治上、经济上要独立，思想文化上也要独立"。党的十五大以后，中国特色社会主义事业的总体布局由物质文明建设与精神文明建设两位一体，演进为经济、政治、文化建设三位一体。

进入新世纪新阶段，党认识到"建设有中国特色社会主义的文化，这是事关中华民族振兴的大问题，事关建设有中国特色社会主义事业取得全面胜利的大问题。"十六大后，文化越来越成为民族凝聚力和创造力的重要源泉、越来越成为综合国力竞争的重要因素，越来越成为经济社会发展的重要支撑。2005年年底，中央通过了《中共中央、国务院关于深化文化体制改革的若干意见》。2009年，中央通过了《文化产业振兴规划》。党的十七届六中全会专题研究深化文化体制改革、推动社会主义文化大发展大繁荣问题，审议通过了《中共中央关于深化文化体制改革、推动社会主义文化大发展大繁荣若干重大问题的决定》，不仅提出了建设文化强国的长远战略，也为新时期加快文化产业发展指明了方向。社会主义文化建设关系全面建设小康社会奋斗目标的实现，关系中国特色社会主义事业

总体布局，关系中华民族伟大复兴。

也就是说，新中国成立后，中国共产党是把文化建设始终作为"国家战略"，一直把文化建设放在党和国家全局工作的重要战略地位，强调从中华民族生死存亡的高度认识文化的作用。

再有一点，就是中国共产党是把文化建设始终作为"人民战略"，最大限度地满足人民群众日益增长的精神文化需求。坚持以人为本，保障公民的基本文化权益。把满足人民群众日益增长的精神文化需求、保障公民的基本文化权益、促进人的全面发展作为文化建设的根本目的和一切工作的出发点和落脚点。切实尊重人民群众在文化建设中的主体地位，尊重人民群众的首创精神，以人民群众满意不满意作为衡量、检验、评价文化建设成效的根本尺度。坚持以繁荣发展为主题，为人民群众奉献更多更好的精神食粮。坚持一手抓公益性文化事业，一手抓经营性文化产业；一手抓努力构建覆盖城乡、惠及全民的公共文化服务体系，一手抓壮大文化产业；一手抓繁荣，一手抓管理。

第三点，就是中国共产党是把文化建设始终作为"创新战略"，解放和发展文化生产力。坚持以科技创新和体制创新为动力，加快文化领域创新体系建设，运用高新技术，积极推进文化内容和形式、传播方式和传播手段的创新，抢占文化发展的制高点。加快文化体制机制创新，着力在影响和制约文化科学发展的深层次矛盾和问题上实现重点突破。按照文化艺术自身的客观规律组织艺术生产，减少乃至废止在艺术领域里的行政干预。正确处理弘扬主旋律与提倡多样化的关系、社会效益和经济效益的关系、文化艺术规律与市场规律的关系。正确处理民族化与国际化、"走出去"与"守得住"、"走出去"与"引进来"、官方交流与民间交流的关系，统筹协调国内国际大局，坚持对外文化交流，实施文化"走出去"战略，提升国家文化软实力，增强中华文化国际影响力。

可以预期的是，只要我们沿着这条道路走下去，文化的大发展大繁荣，社会主义文化建设新的高潮必将到来！

我看中国"道德缺失论"

最近，网络上中国"道德缺失论"颇有一些市场。

有的说什么"中国人是世界上少数没有信仰的可怕国家之一"，"中国人的价值观建立在私欲之中"，"中国人的生活思想还停留在专注于动物本能对性和食物那点贪婪可怜的欲望上"等等，进而预言：中国必将很快衰落，沦为最穷的国家。

有的网民在网上发帖，说什么"当整个社会千方百计地为

富人服务和对富人过度谄媚的时候，整个社会对金钱的崇拜必然达到登峰造极的地步。高尚的道德一文不值，甚至成为被讽刺、挖苦的对象。人们的私心被最大限度地挖掘、人们的私欲得到最大限度的膨胀……社会充满了陷阱和欺骗"。

由于大家对近年来相继发生"毒奶粉"、"瘦肉精"、"地沟油"、"染色馒头"、"见死不救"等事件都深恶痛绝，所以对"道德缺失论"似乎颇有同感。

项庄舞剑，意在沛公。得到大家的关注之后，一些人（或许这些人背后有一股势力）说，中国为什么诚信缺失、道德滑坡，是因为中国共产党领导下的中国人民"没有信仰"。后面这句话，至少暴露了一些人的两个企图：一是抹黑中国共产党的形象，二是打击中国人民的文化自信。

我们从不否认自身存在的问题。党和国家领导人也不只一次说过，对于整个社会来讲，道德问题十分重要，"诚信和道德是现代社会应该解决的紧迫问题。"关键的问题是，对于某些感到文化优越的国家来说，中国的快速发展让他们感受到了巨大的压力，他们将中国视为严重威胁。中国与曾经受殖民的国家，如非洲、拉丁美洲国家的友好关系，越来越成为西方国家最大的噩梦，于是他们开动舆论机器巧妙地利用一些猜测和某些情绪来诋毁中国。因为在西方媒体及其合作者眼中，中国从来就没有做对的事情。说到底，在他们看来，中国最大的错误，就在于她日渐强大。

中国人没有信仰吗？中国人不仅创造了辉煌灿烂的物质文明，而且孕育了世界上唯一没有中断过的文化传统，为人类文明的进步作出了不可磨灭的贡献。中国传统文化的核心和基础，就是中国先民"天人合一"的哲学思想和对"天"的信仰。这种广博深邃、旷世经久的中国智慧，直到今天，对人类认识和处理人与自然的关系，仍有重要的指导意义。在"天人合一"观念和对"天"崇拜的基础上，中国形成了"道教"和"儒教"。同时，中华民族以特有的自信和博大的胸怀，接纳了佛教、基督教、伊斯兰教等各种"洋教"和外来文化，使中国文化园地百花齐放、异彩纷呈。二十世纪初，中国人民的优秀分子又选择了马克思主义，信仰共产主义。他们为了这个崇高的信仰，以天下为己任，不怕牺牲，前赴后继，建立了强大而繁荣的新中国。

中国人有信仰，他们信仰和平、和谐，他们默默劳作，辛勤奉献，日复一日，年复一年地履行着对人类社会的责任。

中国人有信仰，他们信仰真诚、无私的帮助。不管自己多么困难，也要帮助发展中国家，并且不附带任何政治条件。

中国人有信仰，他们信仰勤劳、善良。他们开创了民族和睦共处的美好家园，培育了历久弥新的优秀文化。

　　由此我也想到，要壮大中国的文化软实力，不仅要加快发展文化产业、提高对全球的传播能力、建立完善的对外交流网络，还要增强我们的文化自信心。当代的文化自信，就是对中华优秀传统文化的自信、对当代中华文化创造力的自信、对中华文化与世界文明相融合的美好未来的自信。有了这种自信，就能获得坚持坚守的从容，鼓起奋发进取的勇气，焕发创新创造的活力。

　　必须承认，国际上文化多元化与单极化的博弈越来越激烈，全世界都在思考人类应该走向何方。全世界193个国家，每个国家都有自己的文化，如果没有文化自信，就只能任人宰割，失去前进的动力和勇气。我们自豪地看到，中华民族创造了源远流长、丰富灿烂的历史文化，在艰苦卓绝的革命斗争中，共产党领导全国人民形成了鲜明独特、奋发向上的革命文化，在轰轰烈烈的社会主义建设大潮中，当代中国人用青春书写着改革创新、开拓奋进的当代文化。因此，我们有足够的理由相信，中华文化完全可以自立于世界文化之林，创造更加美好的未来。要坚信中华文化的核心价值能够获得全世界的认同，中国人民已经而且会继续创造出让世界人民欣赏的精神财富。只有这样，我们才能真正让中华文化走向世界，也只有这样，才能赢得世界人民的认同与尊重。

【第七章】

不可想象的『巨大成就』

——从社会视角看中国道路

第七章

不可想象的"巨大成就"

——从社会视角看中国道路

"民生没有终点站，只有新起点"

近日，在网上看到一则消息令人很有感慨。孙中山的后人们，现在经常往返海峡两岸。在接受专访谈到对祖国大陆的感觉时，孙中山的曾孙，美国加州大学国际事务管理硕士与夏威夷大学中国学硕士王祖耀认为，大陆变化很快、很大，改革开放开始后，大陆已经开始实现《建国方略》的理想。

加强社会建设，是中国特色社会主义的必经之路。人类的先哲们之所以创立社会主义这个概念，就是为了用社会充分发育、民众共建共享的理念，来对抗资本主义的唯利是图、贫富分化等社会不公。加强社会建设，通过共建共享来推动社会和谐发展，是中国特色社会主义伟大事业不变的理想和目标。

以毛泽东为代表的中共第一代领导集体直面"如何加强社

会建设"的问题，对社会建设进行了的艰辛探索。在全国实现了"耕者有其田"制度，没收封建地主的土地，分配给无地或少地的农民耕种，并以法律的形式，承认农民对其所耕种的土地及劳动产品的所有权，在中国历史上第一次真正实现了"耕者有其田"。我的母亲至今还常对我们回忆起解放时，自己家里分到土地的喜悦，又用这些教育孙辈们。同时，在全国实行了"没收垄断资本归新民主主义共和国所有"的政策，一切外国侵略者及本国官僚买办资产阶级的企业，全部收归国有，并以此为基础，建立起以国有经济为主体，集体、私营经济为补充的经济体系。关心民众疾苦，解决民众生活上的实际困难，在全国实行了普及教育、卫生、养老体制，建立残疾人员福利工厂、职工劳保福利、公益基金、统销赈灾、抚恤困难金、农村五保户制度等等。

以邓小平为代表的党的第二代领导集体，把中国人民带上了一条崭新的社会建设发展之路。摒弃"贫穷是社会主义"的观念，从广大人民的切身利益出发来理解、认识"什么是社会主义，怎样建设社会主义"这一问题，在深刻总结我国和苏联社会主义建设经验教训的基础上，根据马克思主义基本原理，科学地揭示了社会主义的本质。在1992年南方谈话中，对社会主义的本质作了简短而精辟的概括性总结，指出"社会主义的本质，是解放生产力，发展生产力，消灭剥削，消除两极分化，最终达到共同富裕"。从政策上提出了改善民生的一系列举措，初步建立起效率优先、兼顾公平的民生发展模式，提出了以改革开放为动力，以共同富裕为民生目标，以"三个有利于"为民生评价标准等一系列涉及民生建设的重大战略。并从中国国情出发，纠正了长期以来在实现现代化问题上脱离国情、急于求成的倾向，对现代化建设重新制定了具体的目标，提出了"三步走"的战略构想。"三步走"发展战略把改善民生放到了十分重要的位置。正如邓小平所强调的，经济的发展"要最终体现到人民生活水平上"。

党的第三代中央领导集体在分析我国经济社会发展现状和反思国际社会主义运动的过程中，提出了要用发展的办法解决前进中的问题的思路，也提出了全面发展和可持续发展等新的发展理念。江泽民在纪念中国共产党成立80周年的讲话中，不止一次地重申，"社会主义社会是全面发展、全面进步的社会"，并特别强调"人的全面发展"，把人的全面发展视为社会主义的本质要求。这一阶段，国家以经济发展推动社会建设，取得了很大进展。随着改革开放的深入进行，社会建设逐步从被动走向主动，从自在走向自觉。社会建设的目标逐步明晰，即从共同富裕到人的全面发展；内容也日渐丰富，涉及教育、就业、医疗、住房、社会保障、收入分配等与民生息息相关的各个方面。在应对经济社会发展中出现的新矛盾、新问题

和新挑战的过程中，中国共产党坚持用发展的办法解决前进中的问题，社会建设取得了显著成果。

党的十六大以来，以胡锦涛为总书记的党中央在新的历史起点上，继续大力推进社会建设，并把它与社会主义和谐社会的构建有机地统一起来，及时地提出了"和谐社会构建"的民生发展蓝图，把中国人民带上了一条创新性的和谐型民生发展之路。党的十七大特别强调了"加快推进以改善民生为重点的社会建设"。2006年10月11日，中共十六届六中全会审议通过了《中共中央关于构建社会主义和谐社会若干重大问题的决定》，这是对构建社会主义和谐社会具有重大指导意义的纲领性文件。这是改革开放28年来，社会建设首次成为中共中央全会的主要议题，更是中国共产党自执政以来第一个加强社会建设的纲领性文件。党的十七大后，我国现代化建设目标从原有的三位一体正式扩展为四位一体。更重要的是，新一届中央领导集体自觉回应社会变革提出的新要求，从改革制度入手，使民生建设在制度框架下展开，从而把社会建设提高到一个前所未有的高度。

党的十八届一中全会刚刚结束，习近平和新当选的中央政治局常委与中外记者见面。习近平总书记用朴实的话语，把中国共产党社会建设的思想作了进一步的阐述："我们的人民热爱生活，期盼有更好的教育、更稳定的工作、更满意的收入、更可靠的社会保障、更高水平的医疗卫生服务、更舒适的居住条件、更优美的环境，期盼着孩子们能成长得更好、工作得更好、生活得更好。人民对美好生活的向往，就是我们的奋斗目标"。2013年5月14日至15日，习近平总书记在天津考察工作时强调，保障和改善民生是一项长期工作，没有终点站，只有连续不断的新起点。

时代越是发展，社会越是进步，解决好民生问题就越来越重要。民生改善没有最好，只有更好；没有终点站，只有连续不断的新起点。一代又一代中国共产党人，传递着"民生"的接力棒。

我们单位有一个老领导从古巴访问归来后，跟我谈到了古巴共产党为什么受到人民拥护的原因。他说，古共在发展经济的同时，始终高举社会公平的旗帜，注意维护广大群众的社会福利。虽然古巴整体经济发展水平不算太高，但社会贫富差距不大，没有两极分化现象，失业率低于2%。古巴政府收取低价房租，对城市居民的食品和基本生活用品实行低价定量供应。从学前教育直至大学毕业，学费和书本费全部由国家负担，18岁至24岁的古巴青年中50%是大学生，全国适龄儿童入学率达100%，2002年提出普及高等教育目标。全国城乡居民终生公费医疗。处在目前世界上唯一的超级大国美国的鼻子底下，其社会主义制度却能经受住美国长期的政治打压和经济封

锁，做到社会安定、文明和谐，在他看来其谜底就在于古巴共产党致力于不断改善民生。

我母亲有几个在冀东乡村的妹妹。这些年，每次从老家探亲回来，母亲总会说起家乡的变化和亲人生活的改善。这次说，屋子全部重新修缮了，看病也实行了"新农合"，可以报销不同比例的药费，像城里人一样享受国家的补助；那次说，村里不少人家盖上了新楼，有线电视也装上了，家里还装上了浴霸和太阳能热水器。我在想，中国的社会为什么能够稳定？哪怕还有这样那样的问题，老百姓也还有很多不满意的地方，但共产党为什么能够在百姓中有威信？其实，原因很简单，就在于共产党真正在为中国的老百姓做事情，即使还有这样那样的不足，但这些年社会的进步，民生的改善，共产党一心一意为人民谋福利的努力，老百姓看在眼里、记在心里！

不可想象的"巨大成就"

这是一个令人感动和温馨的时刻。从2011年秋季学期起，国家启动实施农村义务教育学生营养改善计划。在集中连片特殊困难地区开展试点，中央财政按照每生每天3元的标准，为试点地区农村义务教育阶段学生提供营养膳食补助。试点范围包括680个县(市)、约2600万在校生。160亿元将陆续变成2600

万农村贫困学生手中热乎乎的饭菜。笔者从网上看到了这样的照片：在一个贫困的山区，学生们吃到免费午餐，孩子家长老师们都很开心。在青山为背景下，国旗在校园里飘扬，孩子们立正，向国旗整齐地敬礼。有网友发帖说："感动，国家请更多照顾好他们！"

社会建设是关系人民群众基本生活质量和共同利益的公共事业，主要包括教育事业、医疗卫生、劳动就业、社会保障、科技事业、文化事业、体育事业、社区建设、旅游事业、人口与计划生育等方面。在经济体制深刻变革，社会结构深刻变动，利益格局深刻调整，思想观念深刻变化的大背景下，党中央带领全国人民，在社会建设方面取得了辉煌的成就。

一是教育公平迈出重大步伐。在各级财政部门的大力支持下，国家财政资金优先保障教育投入，以2010年为例，国家财政性教育经费投入接近1.5万亿元，比2002年增加了3.2倍，年均增幅约20%。国家财政性教育经费占国内生产总值的比例也从2002年的2.9%提高到2010年的3.65%。义务教育实现历史性跨越。在世纪之交基本普及九年义务教育、基本扫除青壮年文盲的基础上，经过十年攻坚，到2011年底，全国31个省(自治区、直辖市)和新疆生产建设兵团全面普及了九年义务教育，青壮年文盲率降到1.08%，这一辉煌成就，是中国教育发展史上的重要里程碑。国家加强对教育改革创新的顶层设计，教育

管理体制进一步完善，政府与学校的关系逐步理顺，教育投入体制改革继续深化，教育开放进一步扩大。我国已经全面实现了全国范围内的九年免费义务教育，惠及1.6亿多适龄儿童少年。2600多万农村义务教育阶段学生受益的营养改善计划启动实施，农民工随迁子女在城市接受义务教育的问题初步解决。公共教育资源向农村地区、边远贫困地区和民族地区倾斜，西部和民族地区的主要教育发展指标与全国平均水平差距正在缩小。从学前教育到研究生阶段完整的家庭经济困难学生资助体系初步建立，每年资助近1.8亿名学生，保证了学生不因经济困难而失学。义务教育均衡发展取得实质性进展，教育乱收费现象得到遏制，普通高校招生"阳光工程"取得明显效果。残疾人受教育权利得到切实保障。国家着力促进教育机会公平、公共教育资源配置公平、教育制度规则公平，教育公平有了明显进展。

二是就业形势保持基本稳定。国家高度重视就业工作，将其作为民生之本，作为经济社会发展的优先目标，确立了就业优先战略。实施更加积极的就业政策，为稳定就业、扩大就业提供了有力的政策支撑。根据国家统计局发布的报告，2011年年末中国内地人口总量为134735万人，我国就业人员总量达到76420万人，比2002年的73280万人增加3140万人，年均增加348.9万人。随着就业人员总量进入稳定增长期，就业结构优化步伐明显加快。党的十六大以来，我国城镇就业人员保持快速增长，城镇就业人员占全国就业人员总量的比重从2002年的34.3%上升到2011年的47.0%。同时，我国第一产业就业人员从2002年的36640万人减少到2011年的26594万人；第二产业就业人员从2002年的15682万人增加到2011年的22544万人；第三产业就业人员从2002年的20958万人增加到2011年的27282万人。我国三个产业就业人员的比重由2002年的50：21.4：28.6转变为2011年的34.8：29.5：35.7。随着就业规模的稳步增加和就业结构的不断改善，就业质量也在不断提升。截至2011年末，我国城镇非私营单位就业人员已经达到14413万人，比2002年末增加3428万人，年均增加381万人。

三是收入分配制度改革取得重要进展。改革开放30年来，我国的收入分配制度改革不断深化，初步建立了与社会主义市场经济体制相适应的按劳分配为主体、多种分配方式并存的分配制度，有效地调整了各种经济主体之间的利益关系，对推动经济社会发展、改善人民生活等产生了十分重要的影响。我国社会生产力快速增长，人民群众普遍得到了实惠。2010年10月召开的中共十七届五中全会，将收入分配制度改革作为"十二五"的核心议题，并再次重申了党的十七大提出的推进收入分配制度改革的目标，即合理调整收入分配关系，努力提高居民收入在国民收入分配中的比重、提高劳动报酬在初次分

配中的比重。随着收入分配制度改革的逐步推进，我国也在不断加强和改善收入分配宏观调节能力，逐步形成了工资分配调节、税收调节和社会保障调节等为核心的宏观调节体系，坚持在充分发挥市场机制作用的基础上，确保普通群众共享经济社会发展成果。同时，推进基本公共服务均等化，充分发挥政府在初次分配中的作用，合理划分国民收入的"蛋糕"。在收入分配制度改革的带动下，居民总体收入水平快速增长，生活质量不断改善。2012年，城镇居民人均可支配收入24565元，比上年增长12.6%，扣除价格因素，实际增长9.6%；城镇居民人均可支配收入中位数（中位数是统计学名词，是指将统计总体当中的各个变量值按大小顺序排列起来，形成一个数列，处于变量数列中间位置的变量值就称为中位数）为21986元，增长15.0%。

四是覆盖城乡居民的社会保障体系初步建成。社会保险法颁布实施，建立和完善了城镇居民基本医疗保险、新型农村合作医疗、新型农村社会养老保险和城镇居民社会养老保险、农村最低生活保障、城乡医疗救助等重要制度，实现了由单位和家庭保障向社会保障、由覆盖城镇职工向覆盖城乡居民、由单一保障向多层次保障的根本性转变。目前，城乡基本养老保险制度全面建立，全民医保基本实现，社会救助体系基本形成，社会保障基本实现制度全覆盖。2012年底，全国参加城镇职工基本养老保险、基本医疗保险、失业保险、工伤保险和生育保险人数分别为3.04亿人、5.36亿人、1.52亿人、1.90亿人、1.54亿人，分别比2007年底增长50.9%、140.2%、30.7%、56.0%、98.6%；新型农村社会养老保险和城镇居民社会养老保险参保人数达到4.84亿人，新型农村社会合作医疗参合人数达到8.05亿人，经常性救助对象和享受国家抚恤补助的优抚对象每年达到9100万人，城乡低保对象基本实现应保尽保。城乡居民基本生活得到有效保障，2012年全国企业退休人员人均基本养老金每月1721元，是2007年的1.86倍。开展了门诊统筹，逐步提高基本医疗保险报销比例，各级财政对城镇居民基本医疗保险、新型农村合作医疗补助标准从每人每年40元提高到2012年的240元以上，城镇职工基本医疗最高支付限额由职工年平均工资的4倍提高到6倍；城镇居民基本医疗、新型农村合作医疗的最高支付限额分别达到居民年人均可支配收入、农民年人均纯收入的6倍以上。建立和完善社会保障制度，社保基金收支和管理进一步规范，通过做实个人账户、探索基金投资运营等途径，社保基金规模不断扩大。2012年城镇五项社会保险基金总收入、总支出和累计结余规模分别为2.85万亿元、2.21万亿元和3.54万亿元，分别比2007年增长163.3%、179.7%和214.1%。已形成了以各级社会保险经办机构为主干、以银行及各类定点服务机构为依托、以社区劳动保障工作

平台为基础的社会保障管理服务组织体系和服务网络，并逐步向乡镇、行政村延伸。规范化、信息化、专业化建设积极推进。2012年末，全国社会保障卡持卡人数达到3.41亿人。基本实现了企业离退休人员的社会化管理。

五是基本医疗卫生水平跃上新台阶。有效控制了危害广大人民群众健康的重大传染病，基本建成了覆盖城乡、功能比较完善的疾病预防控制、应急医疗救治体系和卫生监督体系。建立了基本覆盖城乡居民的医疗保障制度框架。城镇职工基本医疗保险、城镇居民基本医疗保险和新型农村合作医疗是三项具有社会保险性质的基本医疗保障制度，目前已经覆盖2亿多城镇职工、1亿多城镇居民和8亿多农村居民。建立了较完善的医疗卫生服务体系。从1978年到2007年，我国医疗卫生机构总数由17.0万家增加到96.1万家，其中医院2.3万家，医疗服务质量和技术水平显著提高。不断加强农村三级卫生服务网络建设。逐步建立城市医院与社区卫生服务机构分工协作的新型城市服务体系，在全国所有地级以上城市、98%的市辖区和93%的县级市开展了社区卫生服务。居民健康水平不断提高。人均期望寿命由1978年的68.2岁增加到目前的73岁；孕产妇死亡率由1990年的94.7/10万降低到2008年的34.2/10万，下降63.9%；婴幼儿死亡率由1981年的34.7‰降低到2008年的14.9‰，下降57.1%。这些健康指标已处于发展中国家的前列，有些地区已达到中等发达国家的水平。

六是社会管理创新迈出历史性步伐。坚持党委领导、政府负责，充分尊重人民主体地位，发扬民主，实现社会协同、公众参与，最大限度调动社会各阶层、各方面的积极性，最大限度激发社会活力。建立健全公共决策社会公示制度、公众听证制度、专家咨询论证制度、民主恳谈制度，依靠网络，广开言路，扩大了公民有序政治参与。通过健全和完善基层自治组织，基层群众自我管理、自我服务功能不断完善。妥善处理人民内部矛盾和其他社会矛盾，不断创新方法和手段，为减少和化解矛盾创造物质基础、增强精神力量、完善政策措施、强化制度保障。2011年7月，党中央、国务院印发《关于加强和创新社会管理的意见》，进一步明确了加强和创新社会管理的指导思想、基本原则、目标任务和主要措施，为发展、改革、稳定奠定了坚实的社会基础。

七是应对突发事件能力显著提升。确立了预防为主、防范与处置并重、常态与非常态结合等工作原则，分级分类地建立了应急预案体系。建立起统一领导、综合协调、分类管理、分级负责、属地管理为主的应急管理体制，明确了各级政府的领导责任和相关部门的工作职责。加强了监测与预警、信息报告与发布、应急处置与救援、灾后恢复重建等各个环节的工作，应急管理运行机制日趋完善。颁布实施了突发事件应对法，制

定了配套法规，并在相关法律中明确了各类突发事件的应对要求，应急管理法律体系不断健全。加强应急队伍、应急物资储备等方面建设，应急保障能力显著增强。加大应急管理知识宣传普及力度，初步形成了全社会共同参与防范处置突发事件的良好局面。我国应急管理综合能力实现了整体提升，突发事件应对工作成效显著，有力、有序、有效地应对了南方部分地区低温雨雪冰冻灾害、四川汶川和青海玉树特大地震、甲型H1N1流感疫情、西南地区干旱等各类重特大突发事件，取得了令人瞩目的成就。

任何不带偏见的人都会承认，中国共产党在民生方面取得了举世瞩目的重大成就。这种成就，是全民的，也是全方位的，使每一个中国人都分享了发展的成果。

曾多次访问中国的墨中友协秘书莱奥诺拉·托雷斯女士说，中国的巨大发展让她这样一个关注中国的墨西哥人感到骄傲。1972年2月14日，中国和墨西哥建立了外交关系，同年7月，她就以墨中友协领导成员的身份第一次到中国访问。这些年来，她看到了中国惊人的变化与发展。中国幅员辽阔，可是在这么广阔的土地上，中国共产党以其强大的力量、严密的组织结构，将十几亿中国人民团结起来，朝着把国家建设得更加美好、让人民生活得更加富裕的共同目标前进。这在其他国家是不可想象的！

成功经验具有世界性意义

许多海外政要、学者等各界人士高度评价中国共产党率领中国人民在社会建设领域取得的成就。俄罗斯科学院远东研究所所长季塔连科说，中国共产党的成功经验具有世界性意义，引起许多亚非拉进步人士的关注，也值得俄罗斯社会关注。

进行社会建设要有坚强的领导力量。邓小平同志曾说过："中国一向被称为一盘散沙，但是自从我们党成为执政党，成为全国团结的核心力量，四分五裂、各霸一方的局面就结束了。只要我们党的领导是正确的，那就不仅能够把全党的力量，而且能够把全国人民的力量集合起来，干出轰轰烈烈的事业。"在进行社会建设时，必须以中国共产党为领导核心，坚持党的领导，这是社会建设的根本保障。因为只有坚持中国共产党的领导，才能保证政治稳定和国家长治久安，使社会建设有一个稳定的国内外环境，也只有坚持中国共产党的领导，才能保证我国社会建设的社会主义性质。中国共产党的执政地位也决定了党对社会建设负有领导职责，必须紧紧把握社会建设的进程与方向，使社会建设始终沿着正确方向前进。正是在党的领导下，我们的社会建设取得了很大的成就。

进行社会建设要有广泛的群众基础。毛泽东曾指出："我

们共产党人区别于其他任何政党的又一个显著的标志，就是和最广大的人民群众取得最密切的联系。全心全意地为人民服务，一刻也不脱离群众；一切从人民的利益出发，而不是从个人或小集团的利益出发；向人民负责和向党的领导机关负责的一致性；这些就是我们的出发点"。进行社会主义社会建设，必须坚持以人为本。具体地说，就是制定政策和开展工作时，必须坚持以最广大人民的根本利益为出发点和落脚点，充分考虑和兼顾不同地区、不同行业、不同阶层、不同群体的利益，充分考虑社会各方面的承受能力，充分反映和兼顾不同方面群众的经济、政治、文化权益，坚决反对和纠正各种侵害群众利益的行为，认真解决人民群众最关心、最直接、最现实的利益问题。只有这样，才能得到人民群众的衷心拥护。

进行社会建设要有宏伟的目标蓝图。社会建设只有通过科学的规划安排和制度运行，才能转化为社会成员的权利，才能建立健全对保障社会公平具有重要作用的制度。促进就业与构建和谐劳动关系、合理调整收入分配关系、健全覆盖城乡居民的社会保障体系、加快医疗卫生事业改革发展、全面推进人口工作、加强社会建设和管理，都要制定好规划蓝图，并一心一意地抓好落实。要思考如何完善民主权利保障制度，巩固人民当家做主的政治地位；如何完善法律制度，夯实社会和谐的法律基础；如何完善司法体制机制，加强社会和谐的司法保障；

如何完善公共财政制度，逐步实现基本公共服务均等化；如何完善收入分配制度，规范收入分配秩序；如何完善社会保障制度，保障和改善群众基本生活，要统一制定一系列的规划。通过这些规划，保证人民在经济、政治、文化、社会等方面的权利和利益。

进行社会建设要有科学的方式方法。统筹兼顾是中国共产党重要历史经验和历来的战略方针。社会建设是一个系统工程，只有统筹兼顾，才能处理好各种关系，协调好各方面的利益。改革开放以来，中国共产党在社会建设实践中，发扬光大了这一重要方针，特别注重统筹兼顾，综合平衡协调各方利益，处理好各方面的重大关系。邓小平一再强调："我们必须按照统筹兼顾的原则来调节各种利益的相互关系。"江泽民后来总结经验时指出：必须"统筹兼顾国家、集体、个人三者的利益，理顺国家与企业、中央与地方的分配关系。"胡锦涛也指出，要坚持统筹兼顾、突出重点，从党和国家工作全局出发，提高辩证思维水平、增强驾驭全局能力。同时，还要坚持实事求是、解放思想、与时俱进、开拓创新；坚持理论与实践、历史与现实的统一等等。

进行社会建设要有完善的协调机制。必须建立一套合理、完备的机制，使社会成员的利益诉求得到表达、利益矛盾得到妥善处理、合法权益得到保障。社会主义社会，人和人之间

是平等的，都有表达自己诉求的权利。社会成员的利益诉求表达的渠道应该是畅通、广泛的，而不应该是阻塞和狭窄的。政府必须通过民意调查、信息公开、听证会、协商谈判等具体制度，拓宽社情民意表达渠道，使群众表达利益诉求逐步走入制度化、规范化、法制化的轨道。与此同时，或因年龄不同、信仰不同、民族不同、阶层不同等原因，社会成员的利益又是多样的。这就要求政府在处理利益关系问题时，必须充分考虑到各种可能出现的情况，不断健全和完善利益协商机制和利益调节机制。

进行社会建设要有勇敢的创新精神。改革开放以来，我国的经济体制和社会结构发生了广泛而深刻的变化：从计划经济体制向社会主义市场经济体制转变；从单一公有制形式向以公有制为主体、多种所有制经济共同发展转变；从单一的按劳分配制度向以按劳分配为主体、多种分配方式并存的分配制度转变；等等。伴随着这些变化，广大人民群众的利益要求也呈现出多样化发展的趋势。必须依靠和动员最广大人民的力量，最充分地调动人民群众的智慧和创新精神，共同推进社会建设。

【第八章】

全民向往『美丽中国』

——从生态文明视角看中国道路

第八章

全民向往"美丽中国"

——从生态文明视角看中国道路

北京，雾霾中的清醒

前不久，有一对夫妻因为空气质量问题离开北京，引发了网上的热议。有人说，该不该把小孩送回老家呀，让孩子从小享受到清新空气。有的媒体议论说，严重的空气污染正在促使外国人离开北京，并大大增加招募国际人才的难度。

北京的空气品质，确实有时达到了重度污染。我们经常可以看到浓雾中的北京，闻到一股呛人的气味。近在咫尺的一栋栋高楼在雾霾中隐隐约约，似有似无，仿佛沉浸在梦幻中。太阳在浓浓的雾霾中若隐若现，灿烂的阳光被浓浓的雾霾所阻挡，成为一种散射着雾气的光晕。浓浓的雾霾中，由于能见度极差，所有前行中的汽车都开着大灯，汽车在雾霾中慢慢地向前蠕动。有时约朋友吃饭，朋友也会在电话里对我说："空气污

染严重，还是不要出门了，就宅在家里吧！"

2013年1月份，北京仅有5天非雾霾天，PM2.5屡屡爆表。看得见的是空气，看不见的还有地下水。根据中国国土资源部调查，2000年至2002年还有超过60%的城市地下水源属于1类至3类的标准，而到2011年，全国城市55%的地下水是较差至极差。

再从地表水来看。根据中国环保部门公布的数据，2012年上半年，中国七大水系中仅长江和珠江水质良好，淮河为轻度污染，黄河、松花江和辽河为中度污染，海河为重度污染。在113个环保重点城市中，仍有33个城市空气质量超标。从这些数据中不难看出，我们这号称960万平方公里的大好河山，在工业化、城镇化的进程中，许多名山大川已经满目疮痍；不少江河溪流已经变黑发臭，生态危机正悄然逼近。如果生态环境继续恶劣下去，不仅威胁老百姓的粮食安全、饮水安全、食品安全、生存安全，也会严重影响我们社会的可持续发展。

其实，污染并非中国特色。笼罩在中国辽阔国土上的雾霾，让人联想到西方国家工业化过程中曾遭遇的严重环境问题。大家对英国伦敦曾经有过的严重空气污染都很清楚。对美国曾经的空气污染知道的并不多。1943年7月，美国洛杉矶遭到"烟雾"袭击，被称为"杀人尘"的空气污染物使不少人罹患疾病甚至死亡。美国经济在"二战"后飞速发展，无秩序的工业开发在多个地区引发了环境问题。上世纪50年代，日本经济起飞阶段曾因环境污染问题暴发水俣病、疼痛病等"四大公害病"。

人类社会从古至今的发展，大体经历了原始文明、农业文明、工业文明这几个阶段。人类从农业文明过渡到工业文明后，从18世纪初到20世纪末，人类借助科学技术的力量向大自然进军，创造出人类史上前所未有的社会经济的繁荣。随着科学技术的迅猛发展，人类认识和改造自然的能力不断增强。但是，当人类对自然界无限制的索取超过了自然界的自我调节能力，人类自身便面临了生态危机：人口膨胀、资源短缺、土地荒漠化、环境污染和生态失衡日益严重、大量生物物种趋于灭绝……它像高悬在人类头上的达摩克利斯之剑，威胁到了整个人类的生存和命运，使人类的生存和发展遇到巨大的挑战。

环境污染造成的生态危机，已成为人类生活中最引人注目的现象之一，引起了全世界的广泛关注和重视。马克思认为，应当合理地调节人与自然之间的物质变换，在最无愧于和最适合人类本性的条件下进行这种物质变换。恩格斯早就提出了自然界"对人进行报复"以及"人类同自然的和解"问题。

我国是具有悠久生态道德与伦理的国家，传统中蕴含着丰富而朴素的生态道德，其中"天人合一"理念就代表了中华民族追求人与自然和谐统一的精神境界。

1962年，美国海洋生物学家卡逊发表了她的名著《寂静的

春天》。在这部著作中，她以大量的事实论证了工业污染对地球上的生命形式包括人类自身的损害，向人们感性地描述了一个没有蓝天丽日、鸟语花香的死寂的春天。《寂静的春天》的出版，代表着人类绿色生态意识在二十世纪的觉醒。

1968年4月，罗马俱乐部在罗马成立。这个俱乐部是人类有史以来第一个对全球生态危机作出激烈反应的社会团体。1972年，它发表了著名的研究报告《增长的极限》，清醒地提出了"全球性问题"，即人口问题、工业化的资金问题、粮食问题、不可再生的资源问题、环境污染问题，在唤醒人类的生态意识、激发当代人类对全球生态危机的社会责任感、敦促人类共同行动等方面，具有深远影响。

1987年2月，在日本东京召开的第八次世界环境与发展委员会上通过了关于人类未来的报告《我们共同的未来》，后又经第42届联大辩论通过，于1987年4月正式出版，中译本于1989年出版。报告以"持续发展"为基本纲领，以丰富的资料论述了当今世界环境与发展方面存在的问题，提出了处理这些问题的具体的和现实的行动建议。这是世界上第一次提出"持续发展"的概念。

中国共产党也从发展中逐渐认识到了环境污染与生态问题。1978年，中共中央在批转了国务院环保领导小组工作汇报的时候已经指出，消除污染，保护环境是进行社会主义建设，实现四个现代化的一个重要组成部分,我们绝不能走先污染,后治理的弯路。这是在中共党史上第一次以中央的名义对环境保护做出重要指示。

1983年,第二次全国环保会议召开,会上宣布将环境保护确定为基本国策,所谓国策就是立国之策,治国之策,只有那些对国家经济建设或社会发展和人民生活具有全局性、长期性和决定性影响的谋划和策略才被称为国策,而当时决定把环境保护放进基本国策的范畴,也是基于这几点的考虑。

2002年,中共十六大明确而又完整地提出,要"走新型工业化道路。坚持以信息化带动工业化,以工业化促信息化,走出一条科技含量高、经济效益好、资源消耗低、环境污染少、人力资源优势得到充分发挥的新型工业化路子。"

中共十七大提出了建设"生态文明"的思想,首次将"生态文明"写入党的全国代表大会报告,这标志着生态文明建设理论的提出和初步形成。党的十七大报告指出:"建设生态文明,基本形成节约能源资源和保护生态环境的产业结构、增长方式、消费模式。循环经济形成较大规模,可再生能源比重显著上升。主要污染物排放得到有效控制,生态环境质量明显改善。生态文明观念在全社会牢固树立。"这就对生态文明建设的基本内涵和基本要求进行了科学界定。

党的十七届四中全会从战略高度对生态文明建设进行了定

位，强调生态文明建设与经济建设、政治建设、文化建设和社会建设同为实现全面建设小康社会奋斗目标的战略任务，同为中国特色社会主义建设事业的有机组成部分。党的十七届五中全会从国际形势的新变化和国内经济社会发展的新要求出发，强调加快资源节约型和环境友好型社会建设，提高生态文明水平，积极应对全球气候变化，大力发展循环经济，加强资源节约和管理，加大环境保护力度，加强生态保护和防灾减灾体系建设，增强可持续发展能力。这就进一步丰富和完善了生态文明建设理论的内涵。

十八大把"生态文明建设"放在"五位一体"的总布局的突出位置，并在中共《党章》中凸现了生态文明建设的重要性，提出"把生态文明建设放在突出地位，融入经济建设、政治建设、文化建设、社会建设各方面和全过程。"也就是说，要用生态文明建设的理念对中国未来的发展实施"全覆盖"以及彻底改造和全面提升。建设社会主义生态文明，成为中国共产党的执政纲领的核心之一，这是一个非常重大的思想突破和理论发展。

2013年4月8日至10日，习近平总书记在海南考察时强调，保护生态环境就是保护生产力，改善生态环境就是发展生产力。良好生态环境是最公平的公共产品，是最普惠的民生福祉。

这些铿锵有力的话语，向世界展现出中国共产党对生态文明建设的清醒认识。

努力完成时代赋予的重任

记得上小学时，自己写过这样的作文：我的祖国是中国，她屹立在世界的东方，是所有中国人的家。她地大物博，美丽而富饶。在那960万平方公里的土地上，有数不清的自然景观，还有许多丰富的矿产资源，以及各种各样的生物……

进入21世纪，我们必须从另一个视角认识自己的祖国了。

我国能源资源总量丰富，但人均占有量低，且分布不均衡。我国石油、天然气人均资源量仅为世界平均水平的1/15左右，水资源人均占有量仅为世界平均水平的1/4。我国70%多的国土不适宜和较不适宜大规模工业化、城市化的开发利用，土地等稀缺资源的约束也将强化。

我国生态环境非常脆弱，全国森林覆盖率20.36%，不及世界30%的平均水平，沙化土地面积超过国土面积的1/5，水土流失面积超过国土面积的1/3，90%以上的天然草原退化。我国主要污染物排放量巨大，环境污染严重，人民面临的生存环境比较恶劣。

以往，我们对发展的理解，都是如何增加生产，如何让钢产量成为世界第一，如何让高楼成为世界第一，如何让城市成

为世界城市，在这种对经济高速增长的追求中，树和农田被毁变为了开发区，河流在发展中被污染，城市变得拥堵不堪。发展毁掉了美丽，发展的结果让生活变得不美好。

中国共产党如何顺应人民改善环境的迫切需求，如何顺应经济与环境协调发展的现实需要？善于倾听人民的声音、善于学习和接受先进理念、善于将先进理念转化为实际行动的中国共产党，再一次向历史和人民交上了一份合格答卷：

转变观念——尊重自然。党的十八大报告明确指出："必须树立尊重自然、顺应自然、保护自然的生态文明理念。"这是我们党执政理念的升华，体现出我们党对发展规律认识的深化。尊重自然、顺应自然、保护自然这一生态文明理念的确立，是我们党在认真反思和深刻总结过去发展中经验教训的基础上，对传统粗放式发展方式的有力反驳，对工业文明种种弊端的坚决扬弃，对未来中国发展路径的明确校正。昭示出我们党力求通过调整和改善人与自然的关系，实现发展方式的根本跨越，实现人与自然、人与人、人与社会的全面和谐。

突出地位——五位一体。党的十八大报告全面勾画和部署了经济建设、政治建设、文化建设、社会建设、生态文明建设"五位一体"的中国特色社会主义事业总体布局。"五位一体"总体布局的形成是中国特色社会主义实践不断丰富发展的结果，是我们党对中国特色社会主义认识不断深化的结果，标志着我国社会主义现代化建设进入了新阶段。"五位一体"总体布局，就是全面推进经济建设、政治建设、文化建设、社会建设、生态文明建设，促进现代化建设各个环节、各个方面相协调，促进生产关系与生产力、上层建筑和经济基础相协调。五个方面的相互协调是"五位一体"的应有之义，也是可持续发展的重要保障。"五位一体"表明我们建成的小康社会，不仅是一个经济目标，更是一个经济、政治、文化、社会、生态全面协调发展的目标；不仅是衡量一个国家富强、民主、文明、和谐、生态良好的目标，更是衡量人民生活水平、生活质量的目标。这一新的更高要求，使"全面建成"的内容更加完备，特点更加鲜明，描述更加具体，蓝图更加清晰。按照这一新的更高要求努力奋斗，迎接我们的必将是一个经济更加发展、民主更加健全、文化更加繁荣、社会更加和谐、生态更加文明的全面小康社会。

确立目标——永续发展。党的十八大报告中进一步提出"实现中华民族的永续发展"，这既是实现中华民族伟大复兴的必然选择，也是实现中国繁荣富强的根本目的。实现中华民族的永续发展，与建设中国特色社会主义的总任务相辅相成。实现社会主义现代化和中华民族伟大复兴，是建设中国特色社会主义的总任务，要实现这个总任务，只有实现中华民族的永续发展才能确保这个总任务不落空。通过生态文明建设，我们

不仅可以开辟中国特色的环境保护新道路,从源头上扭转生态环境恶化趋势,为人民创造良好生产生活环境,还可以为全球生态安全作出贡献。实现中华民族的永续发展,将向世界展现中国特色社会主义道路的优越性,为人类探索出一条可持续发展道路做出贡献。

制定政策——全面推进。党的十八大报告提出了今后一个时期推进生态文明建设的重点任务。优化国土空间开发格局,加快实施主体功能区战略。根据《全国主体功能区规划》,推动各地区严格按照主体功能定位发展,构建科学合理的城市化格局、农业发展格局、生态安全格局。推进荒漠化、石漠化、水土流失综合治理,扩大森林、湖泊、湿地面积,保护生物多样性。加快水利建设,增强城乡防洪抗旱排涝能力。加强防灾减灾体系建设,提高气象、地质、地震灾害防御能力。坚持预防为主、综合治理,以解决损害群众健康的突出环境问题为重点,强化水、大气、土壤等污染防治。同时,完善制度,建构生态文明建设保障机制,把资源消耗、环境损害、生态效益纳入经济社会发展评价体系,建立体现生态文明要求的目标体系、考核办法、奖惩机制。建立国土空间开发保护制度,完善最严格的耕地保护制度、水资源管理制度、环境保护制度。充分运用市场手段,深化资源性产品价格和税费改革,建立反映市场供求和资源稀缺程度、体现生态价值和代际补偿的资源有偿使用制度和生态补偿制度。加强环境监管，健全生态环境保护责任追究制度和环境损害赔偿制度。

寻找途径——循环低碳。调整产业结构，大力推进节能减排，加快发展循环经济，开发利用可再生能源，加大环境治理的力度，保护修复生态环境，积极应对气候变化，加快完善经济政策，广泛开展全民行动，全面推进绿色、循环、低碳发展，加快构建资源节约、环境友好的生产方式和消费方式。调整产业结构，大力发展服务业和节能环保等战略性新兴产业。强力推进节能减排，强化节能减排目标责任，全面推进工业、建筑、交通运输、公共机构等重点领域节能。加快发展循环经济，按照"减量化、再利用、资源化"的原则，在生产、流通、消费各环节大力发展循环经济，加快构建覆盖全社会的资源循环利用体系。大力调整能源结构，推进能源多元清洁发展，大力发展非化石能源。广泛开展全民行动，培育生态文化，倡导生态文明主流价值观，深入开展节能减排全民行动，共创环境优美、空气清新、生态良好、山清水秀的美好家园。

经济、政治、文化、社会、生态"五位一体"建设，将提高中国的繁荣程度和生活、投资环境水平，引领中国走进社会主义生态文明新时代。如今，全体中国人民共同建设社会主义生态文明的热潮正在全国掀起。中国的未来不是梦，中国的发展、进步是历史的必然，中国向前迈进的脚步永远不会停歇！

"美丽中国"成为流行词汇

"美丽中国"，成为这一段时间的流行、热门词汇。党的十八大报告中提出"建设美丽中国"的号召后，中国公众和世界舆论就将这个提法视为中国共产党和中国在世界塑造形象的一个新标准。大家都说，党的十八大报告令人欣喜，从总书记的报告中听到的柔软、悦耳、富有诗意的词汇，这就是"美丽中国"。

十八大报告提出建设"美丽中国"，正是对以往发展模式的修正，是对未来发展的新要求。

建设"美丽中国"，表现了中共作为执政党，对国家、对人民、对世界、对未来的负责。建设"美丽中国"，每一个中国人都有责任。没有生态文明的社会，任何的经济发展都是不美丽的。

建设"美丽中国"，顺应人民群众追求美好生活的期待，也是中华民族永续发展的客观要求。随着生活水平的不断提升，人民群众对环境质量、健康水平的关注度越来越高。当前，中国社会正步入一个特殊的环保敏感期，由环境问题引发的群体性事件也不断增多，这些问题处理不好，就会影响经济发展、社会和谐。建设美丽中国，就是坚持科学发展，着力满足人民群众生态需求，维护人民群众生态利益。这不仅是我们党对人民群众迫切诉求的现实回应，而且将使我们执政的群众基础更加深厚坚实，实现永续发展、长治久安。

建设美丽中国，既符合中华民族永续发展的根本利益，也符合全人类持续发展的共同利益。世界各国不仅希望从中国的发展中获益共荣，也期待看到一个能给全球环境带来清新之风的美丽中国。中国如何从生态文明的宏大理念落实到美丽中国的具体蓝图，如何在经济继续发展的同时，逐步消灭"雾霾天"、"癌症村"，将给世界其他国家特别是发展中国家，提供有益的启示。

什么是"美丽中国"？在网络上，网友们进行了热情的讨论。网友"柳岸飞花"说，十八大报告，首次单篇论述"生态文明"，并将"建设美丽中国"写进党代会报告；可以说，这是对当代中国发展的深刻把握，是执政理念的新发展。这一表述内涵丰富，新意十足，让人浮想联翩。怎样勾画"美丽中国"？一句话，就是绿色发展；因为守住"绿水青山"，才能赢得长远的文明富裕。

网友"leejoe"说，美丽中国不仅仅是三山五岳、长城巍峨、桂林山水、西湖碧波……美丽中国还要有清新的空气、蓝色的天空、整洁的城市、美丽的乡村、肥沃的土地、善良的人民……美丽的中国不但要外在美，还要心里美。相信每个人都

向往这样的"美丽中国"。

网友"黄山老道"说，我眼中的"美丽中国"有四个标准：1.自然环境美。没有污染，空气清洁，山清水秀。只要消灭污染源，多植树即可实现。2.城市美，布局合理美观。目前我国的大部分城市及其居民小区建设的都非常美丽。建议推广普及电动汽车，并规定禁止高声连续鸣喇叭，禁止燃放农作物秸秆，禁止在城市燃放高分贝的鞭炮。3.人民心灵美、行为美。公民勤劳、诚实守信，人人讲文明、有礼貌。一方面要加强教育，另一方面要严厉打击卖淫、嫖娼，从重处罚一些不文明的行为。4.生活美。有全面的社会保障体制，社会公平公正、治安良好，老百姓安居乐业。

网友"陈峰112"说，党的十八大报告中提出今后中国将向"美丽中国"去发展，"美丽中国"，美在山川，美在文化，美在历史，更美在人文——最美的是人。"美丽中国"，没有了最美中国人，如无根之萍、无源之水，徒具美丽外表，不具美丽生命。

建设"美丽中国"，也是一场艰巨的攻坚。美好的蓝图虽然勾勒了出来，但要把这最新最美的图画变成美好的现实，却不是一蹴而就能完成的。

建设"美丽中国"，就必须从传统中汲取智慧。中国传统文化中有着丰富的关于融合、和谐、和睦、平和的思想和观念，其"天人合一"、"人法地，地法天，天法道，道法自然"等观念就是主张人与自然、与天地万物和谐相处的表现。天人合一思想是中华古代生态文明的核心思想，也是生态文明建设的灵魂。古人的人与自然和谐的思想还进一步表现为爱护资源，保护生态系统的生态伦理观。《周易》特别提倡古代天子打猎用的"三驱法"，不主张对野生动物一网打尽。《比》卦九五爻辞说，"九五：显比，王用三驱，失前禽，邑人不诫，吉。"意即：最明显的比附措施是用"三驱之法"，放走前面的野兽，使周围的邑民百姓没有戒备之心，这样才是吉利的。作为中国人，必须从传统文化中汲取智慧，在建设"美丽中国"的历史进程中发挥重要作用。

建设"美丽中国"，就必须告别旧观念，走出一条"和谐共生、良性循环、全面发展、持续繁荣"的发展之路。这样的发展方式，不以GDP论英雄，也许其发展速度达不到"跨越式"的目标，会影响一些官员在短时期内的"政绩"。但如果不经历这样的"阵痛"，继续走过去发展的老路，建设"美丽中国"就只能成为一句口号而已。要建设"美丽中国"，有的大江大河，开发的步伐就要慢下来，甚至于不能开发；有的矿产资源，开采速度也要得到控制，有的也需要停下来，等技术成熟后再开采。在"美丽中国"和真金白银之间，要展开一场生死博弈。各个方面只要识大体，顾大局，牺牲暂时的利益、

局部的利益、眼前的利益，才能保证"美丽中国"的目标能够真正圆满实现。

建设"美丽中国"，就必须人人参与。美丽中国人人期待、人人受益。建设美丽中国要人人出力，人人尽力，谁都不是旁观者。人人动手、人人出力、人人尽责，美丽中国可以早日建成。建设美丽中国不需要每个人作出多大牺牲，只要从身边小事做起，持续为建设美丽中国添砖加瓦，就会不断加快美丽中国的建设进程。比如，随手关灯，就会节约一度电，就会减少燃烧煤炭；减少煤炭的使用，就会减少空气的污染，空气少污染我们就能多呼吸点新鲜空气。节约一度电，是节约行为，也是保护自然的行为，更是保护自己的行为。要加大宣传力度，积极利用报纸、广播、电视、互联网等大众传媒，宣传节约的重要性和必要性，营造浓厚的节俭氛围。要用先进示范引领节约风尚，通过先进节约典型的示范作用，引领全社会形成节约光荣、浪费可耻的社会风尚，把节约变成每一个人的自觉行动。要倡导绿色消费，节约能源资源，参与环保公益活动，弘扬生态文明，坚决抵制和反对各种环境违法行为，当环保卫士，做文明公民，共同建设环境优美、经济繁荣、文明宜居、社会和谐的美丽中国。

建设"美丽中国"的号角多么响亮！我们相信，中国政府带领全体中国人民，朝着这个目标将迈出更大、更坚实的步伐。

【第九章】

中国道路与军队现代化

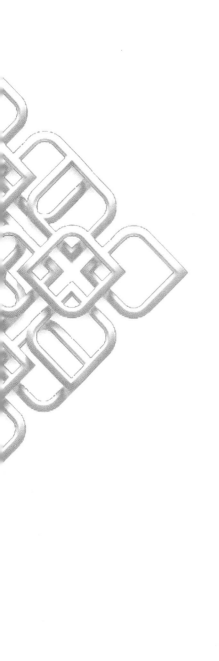

第九章

中国道路与军队现代化

从"航母Style"说开去

中国人民永远难忘这一天：2012年9月25日，我国第一艘航空母舰"辽宁舰"按计划完成建造和试验试航工作，在中国船舶重工集团公司大连造船厂正式交付海军。中国发展航空母舰，是党中央、国务院、中央军委着眼国家安全和发展全局作出的重大战略决策。第一艘航空母舰顺利交接入列，对于提高我军现代化水平，促进国防科技工业技术进步和能力建设，增强国防实力和综合国力，对于振奋民族精神，激发爱国热情，鼓舞全党全军全国各族人民奋力夺取全面建成小康社会新胜利、开创中国特色社会主义事业新局面，具有重大而深远的意义。经中央军委批准，中国第一艘航空母舰命名为"中国人民

解放军海军辽宁舰"，舷号为"16"。

人们还沉浸在中国有了航母的喜悦中的时候，2012年11月25日，中国首艘航母"辽宁舰"成功起降歼-15舰载机。这个振奋人心的画面，通过中央电视台传遍了神州大地，舰载机指挥员在起降过程中的手势动作，更是引起中国网友的浓厚兴趣。在媒体报道的图片和视频中，起飞指挥员半蹲，右手食指和中指指向飞行甲板前端，代表"允许起飞"信号。该动作要领是"侧屈腿，食指和中指指向飞机起飞方向，其余手指握拳，脸背对起飞方向"。这个被称为"航母Style"的姿势，受到网友的热情追捧和模仿。11月26日，"航母Style"登上了央视新闻联播。新闻联播提到，凌空一指的姿势被网友戏称为"航母Style"。"航母Style"的走红，背后是祖国的日益强大和群众的自豪之情。

中国军队武器装备发展建设，始终坚持独立自主、自主创新的原则，主要依靠自己的力量研制和生产，主要用于保卫祖国的和平发展。进入新世纪以来，我军紧紧围绕建设信息化军队、打赢信息化战争的战略目标，把自主创新作为推进装备建设的战略支点，大力推动武器装备建设的自主式发展、跨越式发展、可持续发展，走出了一条有中国特色的武器装备现代化建设之路。按照"探索一代、研制一代、生产一代、装备一代"的模式，我军优先发展适应未来一体化联合作战需要的信息化武器装备，加快研发"杀手锏"武器，应对多种安全威胁、完成多样化军事任务的装备保障能力实现历史性跨越。

武器装备的进步，是中国国防和军队建设取得历史性成就的一个"缩影"。

中国军队：成就与经验

新中国成立以来，在党中央的领导下，中国的国防和军队建设取得了很大成就。

一是建立和完善了中国特色的武装力量领导体制。新中国成立后，人民军队的领导体制几经变迁。1982年起，党和国家共同设立中央军事委员会。同年12月召开的全国人大五届五次会议通过的《中华人民共和国宪法》规定，中华人民共和国中央军事委员会统一领导全国的武装力量。国家的中央军委设立后，中共中央军委同时存在。为避免机构重叠，中共中央决定国家军委与党的军委是"一个机构、两个牌子"，其组成人员完全相同。这种体制既贯彻了党对军队绝对领导的根本原则，又适应我军已成为国家主要成分的实际，进一步完善了国家武装力量的领导体制，体现了党领导军队与国家领导军队的一致

性。这种领导体制便于运用国家机器来加强武装力量的建设，可以使党中央对军事工作的决策、指示具有法律效力，成为国家意志，可以保证军队的最高领导权、指挥权高度集中统一。这种领导体制，也符合我国的国情和军情，坚持了党领导军队的传统。

二是建成了门类齐全、综合配套的国防科技工业体系。国防科技是衡量一个国家综合国力的重要标志之一，也是国防现代化建设的一个重要方面。新中国成立以来，在党中央、国务院、中央军委的关怀和领导下，经过60多年的建设和发展，我国的国防科技工业从无到有，从小到大，从落后到先进，建立起了包括电子、船舶、兵器、航空、航天和核能等门类齐全、综合配套的科研实验生产体系，取得了一大批具有国内或国际先进水平的科研成果，为我军现代化建设和增强我国的综合国力作出了重要贡献。

三是巩固了坚持党对军队绝对领导的根本原则和制度。中国军队与西方国家军队最大的不同，就是有中国共产党的领导、有思想政治工作这个特有优势。面对纷繁复杂的国际国内形势，无论时代条件和内外环境如何变化，中国军队始终坚持政治工作的生命线地位，坚持用党的科学理论武装官兵，坚决贯彻党的路线方针政策，不断加强军队党的建设和干部队伍建设，确保了党从思想上政治上组织上牢牢掌握部队，确保我军经受住了各种考验，始终保持了坚定正确的政治方向。

四是现代条件下的防卫作战能力大幅跃升。我军十分注重适应形势的发展，依据国家安全的需要，加强现代化建设和军事斗争准备。近几年，针对战争形态的演变，军委明确提出，要把军事斗争准备的基点进一步转到打赢信息化条件下局部战争上来，实现了军事战略指导的与时俱进。我军遵循新时期军事战略方针要求，大力提高核心军事能力，有力地维护了国家主权、安全和领土完整。

五是体制编制不断调整优化。新中国成立之初，我军总员额550万，后来最多时达600多万。当时的人民解放军，基本上是一支单一的以普通步兵为主的陆军，海军、空军刚具雏形。陆军中的炮兵、装甲兵等技术兵种所占比例非常小。经过50多年的艰苦努力，人民解放军实现了由单一陆军向诸军兵种合成军队的发展。经过多次调整改革，朝着精兵、合成、高效的方向不断迈出新的步伐。目前，中国军队总员额230万，军兵种部队比例趋于合理，部队编成结构得到优化。

六是武器装备水平实现历史性跨越。新中国成立之初，我军陆军装备大多是从敌人手中缴获的"杂牌"，海、空军装备数量很少，性能也很落后。新中国成立后到上世纪50年代末，

通过引进仿制，基本实现了我军武器装备制式化；上世纪60年代到70年代，坚定不移走自力更生之路，成功研制出歼8、强5飞机和导弹、驱逐舰等大批常规武器装备，创造出"两弹一星"的奇迹；上世纪80年代至90年代后期，军队服从服务于国家经济建设大局，装备建设收缩战线，多研制、少生产，有重点地启动一批高新技术武器装备研制，为后续发展奠定了重要基础；上世纪90年代后期以来，我军由半机械化向机械化信息化复合发展转变，武器装备加快发展，形成了以二代装备为主体、三代装备为骨干的现代武器装备体系。现在，中国军队天上有军事卫星、先进战机，地面有新型主战坦克、各种火炮、导弹，海上有先进舰艇、潜艇，可以说西方发达国家拥有的各类装备，中国军队基本都有了，不少装备的性能达到或接近世界先进水平。

七是显著提高了部队正规化水平。始终注重条令条例和法规制度建设，特别是改革开放以来，制定了以《国防法》为基础的10多件军事法律、300多件军事法规、3000多件军事规章，构建了具有我军特色的军事法规体系。实施依法治军、从严治军，重视作风纪律建设，牢固树立和落实安全发展理念，保持了部队正规的战备、训练、工作和生活秩序，确保了部队的高度稳定和集中统一。积极探索和平环境下建军治军特点规律，基层建设不断加强，部队基础更加牢固。

八是国防动员建设全面推进，国防动员能力显著增强。坚持人民战争思想，贯彻平战结合、军民结合、寓军于民方针，建立健全国防动员体制机制，国民经济动员、人民防空、交通战备和国防基础设施建设不断加强，军民融合程度和平战转换能力逐步提高。国防后备力量建设经过几代人的努力，形成了一整套制度和优良作风。国防动员体系在平时服务、急时应急中发挥了特殊的优势和作用。解放军和武警部队官兵，以及民兵预备役人员，积极参加抢险救灾和支援地方经济建设，并发挥了重要作用。

九是军事外交工作形成全方位、多层次、宽领域的格局。广泛开展高层交往和互访，加深友谊，增进军事互信。不断深化与外军务实性交流与合作，互派留学人员、专业团组，学习借鉴有益经验，促进国防和军队现代化建设。积极参与多边安全对话，宣示政策，扩大影响。特别是在军事透明问题上，我们做了许多增信释疑的工作，多次发表国防白皮书，建立了国防部新闻发言人制度，开通了国防部网站。认真履行国际义务，坚定支持国际军控、裁军与防扩散努力，积极参加国际维和行动和人道主义救援活动，成为联合国安理会常任理事国中派出维和部队最多的国家之一。

　　中国军队为什么能够取得如此辉煌的成就？笔者把这些经验概括为"六个有"，只能算是"一家之言"吧。

　　中国军队有先进的指导思想。中国共产党在推进马克思主义中国化的历史进程中，不断推进马克思主义军事理论中国化，推进党的军事理论创新发展，为国防和军队建设提供了强大思想武器和科学指南。毛泽东军事思想，在指引建设无产阶级新型人民军队，实行人民战争，夺取全国胜利的基础上，又指引正确解决了取得全国政权后建立现代国防的重大课题。邓小平新时期军队建设思想，指引正确解决了在和平与发展成为时代主题、我国进行改革开放的历史条件下走中国特色精兵之路，建设强大的现代化正规化革命军队的重大课题。江泽民国防和军队建设思想，指引正确解决了在世界新军事变革蓬勃兴起、我国社会主义市场经济深入发展的历史条件下积极推进中国特色军事变革，保证人民军队打得赢、不变质的重大课题。胡锦涛国防和军队建设思想，主要回答了在世界战略格局发生深刻变化、我国全面建设小康社会的历史条件下推进国防和军队建设科学发展，确保中国军队全面履行新世纪新阶段历史使命的重大课题。党的十八大以来，习近平总书记着眼坚持和发展中国特色社会主义、实现中华民族伟大复兴的中国梦，对加强国防和军队建设做出了一系列重要论述，鲜明回答了在世界形势发生深刻复杂变化、我国全面建成小康社会进入决定性阶段新的历史条件下，建设一支听党指挥、能打胜仗、作风优良的人民军队的重大课题。中国国防和军队建设取得的一切成就和进步，都是党的军事理论正确指引的结果。

中国军队有自己的根本原则和根本宗旨。始终坚持党对军队绝对领导的根本原则，以党的旗帜为旗帜，以党的意志为意志，坚决听从党中央、中央军委指挥，坚决完成党赋予的各项任务，坚决反对和抵制"军队非党化、非政治化"和"军队国家化"等错误思想，这为人民军队的建设指明了方向和根本遵循。中国军队忠实践行全心全意为人民服务的根本宗旨，视人民利益高于一切、重于一切，与人民群众同呼吸、共命运、心连心，永葆人民子弟兵政治本色，始终是人民利益的忠实捍卫者。

中国军队有自己的发展战略。中国共产党始终坚持着眼国家安全和发展战略全局推进国防和军队建设，实施正确的战略指导。20世纪50年代，根据我国社会主义性质和安全形势，确立积极防御的战略方针；80年代，适应党和国家工作中心转移，实行国防和军队建设指导思想战略性转变；90年代，依据国家现代化发展战略，提出国防和军队现代化建设"三步走"战略构想；新世纪新阶段，着眼国家利益新发展和安全形势新变化，提出"三个提供、一个发挥"的军队历史使命。

中国军队有自己的发展原则。坚持按照革命化现代化正规化相统一的原则加强军队全面建设。坚持把革命化现代化正规化建设作为一个有机统一的整体，全面加以推进。毛泽东同志领导确立建设优良的现代化的革命军队的总方针、总任务，邓小平同志提出建设一支强大的现代化正规化的革命军队的总目标，江泽民同志提出军队建设"五句话"的总要求，胡锦涛同志提出全面加强、协调推进军队革命化现代化正规化建设的指导原则，这些都充分体现了对人民军队建设基本规律的深刻认识和准确把握。党的十八大后，习近平同志提出建设一支听党指挥、能打胜仗、作风优良的人民军队这一党在新形势下的强军目标。只有按照革命化现代化正规化相统一的原则加强军队全面建设，才能推动军事、政治、后勤、装备等各领域工作密切配合、共同进步，实现军队建设全面协调可持续发展。

中国军队有自己建设的出发点和落脚点。那就是坚持把提高战斗力作为军队建设的出发点和落脚点。军队必须牢固树立战斗队思想，居安思危，常备不懈，不断提高战斗力，才能确保有效履行使命任务。

中国军队有雄厚的群众基础。依靠人民建设军队、建设国防，各级党委、政府和广大人民群众为国防和军队建设提供了最深厚的力量源泉。紧紧依靠人民建设军队、建设国防，是中国军队始终坚持的一个根本原则。

臆造的中国"军事威胁"

最近，钓鱼岛问题成为中国人民关注的热点。而日本某些右倾势力，也借机鼓吹中国的"军事威胁"。据日本新闻网报道，日本自卫队部署全球鹰无人侦察机的计划，将提前2年实施。报道援引日本防卫省的预算报告称，由于中国军队对钓鱼岛的"军事威胁"日益加剧，同时在东海海域和进出太平洋的活动也越来越频繁，因此有必要尽早部署全球鹰，以建立24小时全天候监控体制。

无独有偶，西方有关中国军费增长的议论也层出不穷，投射出他们对中国崛起一言难尽的复杂感受。美国国防部长盖茨呼吁中国的军费开支要更加透明化，称中国宣布的3500亿元人民币的军费开支并不是全部国防预算。美国副总统切尼访问亚洲时，呼应美国军方乃至政界不断有人指责中国"扩张军力"的说法，称中国军力增长和反卫星导弹测试"与北京声明的和平崛起的目标不相符"。

2013年5月18日，美国国防部发布2012年度《涉华军事与安全发展报告》。报告表示美国将寻求与中国建立健康、稳

定、可靠和持续的两军关系，同时指责中国在网络安全等方面仍是美国的"威胁"，该报告特别指出，"解放军在过去的一年里继续发展应对台海潜在冲突的三种能力：震慑台独的能力；威慑、阻滞及抵消美国干预的能力；军事对抗中打败台军的能力"。中国外交部发言人洪磊就这份《涉华军事与安全发展报告》答记者问时称，"美国国防部发表的这份报告，对中国正当、正常的国防建设说三道四，散布'中国军事威胁论'，我们对此坚决反对，已向美方提出交涉。""中国坚定不移地走和平发展道路，奉行防御性国防政策，致力于维护和促进亚太地区乃至世界的和平、稳定与繁荣。中国发展有限的军事力量完全是为了维护国家独立、主权和领土完整，不针对任何国家和特定目标。只要是不对中国怀有敌对意图的国家，都不应对此感到疑虑和担忧"。中国国防部新闻发言人耿雁生也表示，中方已向美方提出严正交涉，对此表示强烈不满和坚决反对。在中美两军关系回升向好之时，美方固守对中方猜疑、抹黑的做法，与美方"致力于建设健康、稳定、可靠和持续的两军关系"的承诺背道而驰。

中国威胁别国了吗？中国奉行的是"积极防御"的军事战略，中国军队是为了保卫祖国的领土、领空、领海安全，保卫人民的和平劳动，保卫改革开放的胜利成果，不会对世界形成威胁。在中国历史上，汉朝在比较完善的封建耕作制度下，再加上冶金技术、制造技术和农业技术的发展，农业经济达到鼎盛，军事力量堪比罗马帝国，但中国没有派出军队侵略别人，而是派出张骞出使西域。张骞出使西域后，汉夷文化交往频繁，中原文明通过"丝绸之路"迅速向四周传播，给世界人民带来的是和平。明朝的军事力量也可以称为世界第一，它拥有世界上最先进的火枪、火炮，还拥有当时世界上最大的海船，财力和物力也是当时别的国家所无法比拟的，综合国力居世界第一位，但中国没有派出军队侵略别人，而是派出郑和下西洋，访问了30多个西太平洋和印度洋的国家和地区，加深了中国同东南亚、东非的友好关系，给世界人民带来的同样是和平。反观美国，目前在世界数十个国家和地区设有数百处军事基地，海外驻军总数约为37万人：在欧洲拥有190多个军事基地，驻军总数约10万人，在亚太和印度洋地区拥有80多个军事基地，驻军总数约10万人，其中主要驻扎在日本和韩国，人数分别为4.7万和3.7万。日本冲绳岛是美军的"太平洋枢纽"，设基地41处，驻军约3万人。美国在中东和北非地区的军事基地主要分布于伊拉克、土耳其、科威特、巴林、阿曼、卡塔尔、埃及、阿富汗等国。其中，美在伊拉克约有13万驻军。美国在拉美地区建有16个军事基地。笔者不明白的是，中国没有

向海外派出一兵一卒，到底是谁威胁了谁？

中国的军费高吗？与美国的国防开支相比，中国的国防预算少得多，即使与日本的军费开支相比，也有不小的差距。衡量一个国家的军费支出高低不能只看绝对值，得结合该国的国内生产总量（GDP）、财政收入等经济指标。以2012年为例，中国的GDP为519322亿元，军费预算支出为6702亿元，军费支出占GDP比例仅为1.29%。军费占GDP比例的世界平均水平为3%，中国的这一数字远远低于平均值，而大约同期，2010年美国军费占GDP比例则高达4.8%。2010年，加拿大的军费占GDP比例为1.47%，澳大利亚、巴西的这个数字分别为1.88%、1.65%，比中国高出不少，显然中国军费支出不能算高。在世界范围里，军费占GDP比例比中国低的国家有瑞士和日本，两国2010年的数字分别为0.78%、1%。但瑞士是永久中立国，日本则是二战战败国，军力建设长期受和平宪法限制。同时，中国军队的人均经费偏低。就按照2013年国防预算7201.68亿元的数字来计算，人均经费约为28.8万元，约合4.2万美元。西方发达国家军队在2002年就达到的数字，而2013年人均经费美国为23.5万美元，英国为11.4万美元，法国为10.6万美元，德国为10.5万美元，人均经费最低的德国军队也超过中国的两倍。况且，中国增长的军费也主要是用于大力改善官兵的待遇以留住优秀人才，提高工资、提高伙食、提高居住条件，这些改善措施都需要大量资金的投入。

中国加强军队建设不正常吗？要知道，中国的国防任务十分繁重。中国是世界上唯一还没有完成国家统一的大国。中国在近代历史上遭受过多次侵略。中国还有很长的陆海边界。中国军队的发展是合理的，中国军队的根本任务是捍卫国家主权、安全和领土完整，保卫人民的和平劳动。中国始终不渝地走和平发展道路，坚定地奉行防御性的国防政策，不搞军备竞赛，也不对任何国家构成军事威胁。中国始终对外宣示，中国永远不称霸、永远不搞扩张。中国不会因为外界的各种质疑之声就停止或减慢正常的国防发展。

中国的军队发展不透明吗？中国近年来综合国力和国防实力在不断进步，国防政策越来越开放和透明，中国国防部也在发布自己的《中国的国防》白皮书，而国内外媒体对中国的观察和报道也更加全面，这给了外界分析中国国力和军力情况的机会和数据。试想，有哪一个国家的军队每天在国家电视台播放自己的节目？中国的中央电视台有军事频道，每天都向全世界人民介绍来自中国军队的新闻。中国的国防部有自己的互联网站。中央军委机关报——《解放军报》的内容也每天都可以从互联网查阅。

中国经济发展起来了，军费自然要增加，军队自然要强大，这是一个国家的正常发展规律，也是中国的正当权利。

"军魂"为什么不能改变？

美国的西点军校崇敬两个中国人。这两个人都是全人类的大军事家，一个是孙武，另一个就是毛泽东。西点军校有一句经典名言："不怕中国军队现代化，就怕毛泽东化"。为什么这么说？因为美军并不怕中国军队的现代化。因为在现代化方面，他们有绝对的信心，认为中国军队永远赶不上他们。他们怕的是中国军队的革命化。美军认为，毛泽东是人类历史上绝无仅有的善于以弱击强，以弱胜强的军事天才，毛泽东军事思想体系及实战应用非常精妙独特。他们至今还没有好的应对破解办法。

中国军队革命化有一个最显著的标志：党对军队的绝对领导，并且把"党对军队的绝对领导"作为中国军队永远不变的军魂。

1921年9月9日，毛泽东等在湘赣边界发动和领导了秋收起义。起义部队受挫后，决定向井冈山进军。途中，到达江西省永新县三湾村，毛泽东在这里主持召开前委会议，对部队进行了整顿和改编，在部队中建立了党的组织，连有支部，营、团有党委，连以上设党代表。毛泽东在《井冈山的斗争》中写道："党的组织，现分支部、营委、团委、军委四种。连有支部，班有小组。红军所以艰难奋战而不散，'支部建在连上'是一个重要原因。"

1929年6月，毛泽东在中共红四军第七次代表大会上提出要加强党对军队的绝对领导，加强思想政治工作，实行民主集中制。

1929年12月28日，中共红四军第九次代表大会在福建上杭古田村召开，党史上称为"古田会议"。古田会议决议的内容包括：规定了红军的性质和任务；确定了中国共产党对红军的绝对领导原则；明确了军事与政治的关系；强调了进行马克思列宁主义和党的正确路线教育；确立了红军处理军内关系、军民关系和瓦解敌军的原则；规定了红军宣传工作的任务；论述了红军政治工作的作风和方法。这是我军第一次系统、理论、规范地提出自己的建军原则和政治工作原则。

有了党对军队绝对领导的原则，人民军队就有了自己的军魂。在抗日战争、解放战争中，攻无不克，战无不胜，所向披靡。

新中国成立后，总政治部主任罗荣桓提出重新起草政治工

作条例，把党对军队的绝对领导用条例的形式固定下来。1954年4月15日，新中国成立后的第一部《中国人民解放军政治工作条例（草案）》经中共中央、中央军委批准颁布实施。毛泽东审阅了这个条例，并亲笔加上了"中国共产党在中国人民解放军的政治工作是我军的生命线"。

可以说，人民军队之所以能战胜艰难险阻，从小到大，从弱到强，从胜利走向胜利，就在于坚持了党对军队的绝对领导这个根本原则。

然而，某些势力和一些所谓的"公知"们鼓吹"军队非党化、非政治化"和"军队国家化"，说什么"军队国家属性是绝对的"，"任何组织不允许拥有武装力量"，"军队应超越任何党派，不介入政治"。他们把解放军作为西化、分化的重点，妄图使中国人民解放军脱离党的领导，改变人民军队的性质、宗旨和本色。这个"化"、那个"化"，最根本的一条，就是想军队"非共产党化"。

这只能是痴人说梦。为什么？因为人民军队是党缔造的。中国共产党人从血的教训中深刻认识到，党必须要有自己的军队，枪杆子里面才能出政权，毅然发动了南昌起义，走上了党独立领导革命战争、创建人民军队、武装夺取政权的道路。人民军队的"身体"里，流淌的是党赋予的"血液"和"灵魂"。有谁见过一个人可以没有"血液"、没有"灵魂"而存在于人世间?

党对军队的绝对领导,是我国的基本军事制度和中国特色社会主义政治制度的重要组成部分。革命胜利后,中国共产党探索建立了人民当家做主的社会主义制度。党及时而富有远见地将武装力量的领导和建设纳入国家制度体系,把党对军队绝对领导的根本建军原则上升为国家意志,使之成为符合我国国体政体要求的基本军事制度,成为中国特色社会主义政治制度的重要组成部分。这些制度是:我军必须完全地无条件地置于党的领导之下,无论发生什么样的情况,都毫不动摇地坚持党指挥枪的原则,一切行动听从党中央和中央军委的指挥;决不允许向党闹独立,不允许其他政党在军队中建立组织和进行活动,也不允许任何个人向党争夺兵权;未经党中央和中央军委授权,任何人不得插手军队,更不得擅自调动和指挥军队。这些根本制度是:军队的最高领导权和指挥权集中于党中央、中央军委;部队各级党委坚持贯彻民主集中制的组织原则;实行党委统一的集体领导下的首长分工负责制;团以上单位设立政治委员和政治机关制度;支部建在连上。制度是管长远的,不可能随意改变。况且,这个制度经过反复实践证明,是适合中国国情的。

如果没有党对军队的绝对领导，就没有国家的富强。坚持党对军队的绝对领导，不仅是我们党能够夺取政权的重要保证，也是我们党执好政和长期执政的重要保证。总结历史，完全可以说，党和人民事业之所以能够不断从胜利走向胜利，社会主义中国之所以能够在国际风云剧烈变幻中始终站稳脚跟，一个重要原因，就是因为有人民解放军这样一支忠于党、忠于社会主义、忠于祖国、忠于人民的英雄军队。没有人民军队的保卫，国家怎么能集中精神进行经济建设？没有经济建设，国家怎么能富强，人民怎么能过上幸福安康的日子？

如果没有党对军队的绝对领导，就没有社会的稳定。近代中国，很长一段时间军阀混战、有国无防、任人宰割，就是因为军队沦落成为个人或狭隘利益集团服务的工具。旧中国被那些手握军权的军阀们，分割成了许多势力范围，不断进行军阀混战，人民流离失所，饱受战火之苦。如果没有中国共产党领导的人民军队，中国将四分五裂，人民将生活在军阀混战的悲惨之中。没有稳定，什么事情也办不成，已经取得的成果也会失去。我们要推进社会主义现代化事业，迫切需要有一个和谐稳定的内部环境和安全的外部环境。只有在党的绝对领导下，我军才能忠实履行党和人民赋予的神圣使命，为全面建设小康社会、实现国家长治久安提供强大的安全保障。

如果没有党对军队的绝对领导，就没有军队的强大。我军成长壮大的历史表明，坚持党对军队的绝对领导，始终是我军性质宗旨所系。新形势下，我军建设的内外环境发生深刻变化，战争形态和作战方式发生新的变化，军队组织形态现代化逐步推进，这些都对保持人民军队性质宗旨提出新的要求。始终不渝地坚持党对军队绝对领导，就能使我军始终保持坚定正确的政治方向，保持人民军队的性质、本色和作风，保持强大的凝聚力和战斗力，经受住各种复杂严峻考验，建设成为一支强大的、让党和人民永远放心的人民军队。

强军目标：凝聚磅礴力量

2013年3月11日，中共中央总书记、中央军委主席习近平出席了十二届全国人大一次会议解放军代表团全体会议。习近平认真听取了代表们的发言，并发表了重要讲话。他指出，建设一支听党指挥、能打胜仗、作风优良的人民军队，是党在新形势下的强军目标。听党指挥是灵魂，决定军队建设的政治方向；能打胜仗是核心，反映军队的根本职能和军队建设的根本指向；作风优良是保证，关系军队的性质、宗旨、本色。

强军目标提出的时代背景是什么？实现中华民族伟大复

兴，是中华民族近代以来最伟大的梦想。中国梦，凝聚着无数仁人志士的不懈奋斗，承载着全体中华儿女的共同向往，体现了中华民族和中国人民的整体利益，昭示着国家富强、民族振兴、人民幸福的美好前景。强国梦蕴含强军梦，强军梦支撑强国梦。一个国家要自立于世界民族之林，既要有雄厚的经济实力为基础，又要有强大的军事力量作后盾。党在新形势下的强军目标，把国防和军队建设放在实现中国梦的时代大背景下来认识和推进，极大地顺应了军心民意，激起了全党全军全国各族人民的强烈共鸣，必将进一步凝聚起实现强国梦强军梦的磅礴力量。

如何充分认清强军目标的重大意义？在各个历史时期，我们党都根据形势任务的变化，及时提出明确的目标要求，引领我军建设不断向前发展。毛主席领导制定了建设优良的现代化革命军队的总方针。邓主席提出了建设一支强大的现代化正规化革命军队的总目标。江主席提出了政治合格、军事过硬、作风优良、纪律严明、保障有力的总要求。胡主席提出了按照革命化现代化正规化相统一的原则加强军队全面建设的重要思想。习主席鲜明提出建设一支听党指挥、能打胜仗、作风优良的人民军队的强军目标，是对我军建设目标任务的新概括新定位，反映了党的历史任务的新要求，展现了党建设强大人民军队的决心意志。

强军目标的内涵是什么？听党指挥是灵魂，决定军队建设的政治方向；能打胜仗是核心，反映军队的根本职能和军队建设的根本指向；作风优良是保证，关系军队的性质、宗旨、本色。这三者相互联系、密不可分，与我军一以贯之的建军治军指导思想和方针原则是一致的，与革命化现代化正规化建设相统一的全面建设思想是一致的。这一重要论断深刻揭示了党在新形势下强军目标的科学内涵、精神实质和基本要求，进一步指明了加强军队建设的聚焦点和着力点。

强军目标的根本要求是什么？铸牢听党指挥这个强军之魂，就是要在复杂的国际国内形势下，坚持用党的理论武装全军，使官兵坚定对马克思主义的信仰，对中国特色社会主义的信念，对党的领导的信任，切实打牢高举旗帜、听党指挥的思想政治基础，自觉把实现党的纲领与履行新世纪新阶段我军历史使命紧密结合起来，增强听党指挥的坚定性和自觉性。扭住能打仗、打胜仗这个强军之要，就是各项建设和工作都要向能打仗、打胜仗聚焦，坚持以战斗力为唯一的根本的标准，引导官兵牢固树立时刻准备打仗的观念，不断强化官兵当兵打仗、带兵打仗、练兵打仗的意识和能力。夯实依法治军、从严治军这个强军之基，就是要通过严格管理严格训练，大力培育和弘

扬我军艰苦奋斗、英勇顽强、不怕牺牲的战斗精神和战斗作风。促进和带动优良战斗作风的形成，使部队能够真正做到召之即来、来之能战、战之必胜。

一些青年官兵说，习主席提出的党在新形势下的强军目标，"把握住了军队发展的要害，振奋国人，给人希望"。也有军队的高层人士说，"目标的高度往往决定着一支军队前进的速度和攀登的高度。习主席提出的党在新形势下的强军目标，令全军上下无比振奋。可以说，今天我们比历史上任何时期都更接近中华民族伟大复兴的目标，也比历史上任何时候都更有实现强国梦、强军梦的信心"。大家都认为，强军梦不只是写在纸上、喊在嘴上的口号，更是需要用能打仗、打胜仗的实际行动来书写的一份答卷。只有每一名中国军人共同"给力"，方能凝聚起一往无前的强军力量。有官兵在论坛中说："责无旁贷，箭在弦上。实现强军目标，永远是当代军人的理想、信念和追求！"

我们相信，有强军目标的激励，有全军官兵的团结奋斗，有全国人民的大力支持，我国国防和军队现代化的宏伟目标一定能够实现！

【第十章】

『一国両制』的生机与活力

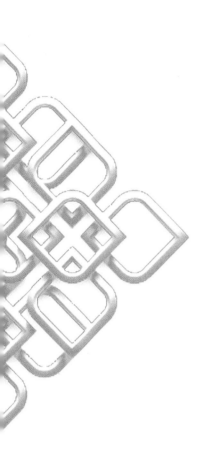

第十章

"一国两制"的生机与活力

"东方之珠"风采依然

"小河弯弯向南流，流到香江去看一看"，"东方之珠，我的爱人，你的风采是否浪漫依然……"这一首《东方之珠》，是全体中国人都熟悉的旋律。

1997年7月1日零时，经历了百年沧桑的香港终于回归，中国政府开始对香港恢复行使主权，香港的发展从此进入一个崭新的时代。

香港回归祖国以来，特区政府坚持依法施政，妥善处理了各种经济、民生和社会问题，经受住了各种考验。香港继续保持了自由港的特色，保持了健全的法制和规范的市场秩序。香港对外交往日益扩大，继续保持着国际金融、贸易、航运中心的地位。

　　2004年1月1日起实施的CEPA，涵盖货物贸易、服务贸易和贸易投资便利化三大范畴，为香港经济注入一针强心剂。随后每年，内地与香港都签订CEPA补充协议。如今，CEPA和八项补充协议使以香港作为来源地的产品得以零关税进入内地。截至2012年3月，内地累计进口香港CEPA项下受惠货物49.6亿美元，关税优惠额28.4亿元人民币。CEPA为内地与香港带来强大的经济动力，在全球经济不明朗时，两地仍然能够携手同行，共享增长成果。除CEPA外，开放内地居民赴港澳"个人游"也有效拉动香港经济复苏。2011年制定的"十二五"规划，首次将港澳部分独立成章，强调支持香港作为国际金融、贸易、航运中心的地位，支持香港发展成为国际资产管理中心和离岸人民币业务中心。中央一系列举措，为香港送来阵阵春风，不但帮助香港确立了新的经济增长点，也推动香港把握住"中国机遇"。截至2012年4月，内地在港上市公司695家，占港交所上市公司总数的45.8%；市值占在港上市公司总市值的近六成。作为首个人民币离岸中心，2012年头4个月，经香港银行处理的跨境贸易人民币结算额占同期全国总额的96.4%，香港的人民币存款已超过5000亿元，人民币债券发行额累计超过2200亿元。香港回归以来，经济实力已今非昔比。

　　香港回归后，特区政府中央政策组的一份民意调查显示：有51%的香港人表示满意"一国两制"在香港的实行情况；

64%同意"一国两制"是对香港有利的安排；62%同意中央政府有诚意照顾香港的利益；66%认为香港和内地有很多共同利益；62%觉得香港人与中央政府有很多共同利益。这些数据反映了港人对国家、对内地和对中央的态度，与回归初期比较，不啻天壤之别，显示大部分香港人实现了"人心回归"。

香港回归祖国以来，"一国两制"、"港人治港"、高度自治的方针在香港得到全面落实，市民们对未来更加充满信心。"一国两制"已经在香港这块土地上扎根、开花并结出了丰硕的果实。我们有充分的理由相信，"一国两制"之树一定会茁壮成长，枝繁叶茂，结出更加灿烂的果实。

"一国两制"，绝妙的构想

"一国两制"，是邓小平同志集中全国人民智慧而首先提出来的，是一个具有远见卓识的科学创见。

邓小平提出"一国两制"不是偶然的。他的这个想法开始于中共的十一届三中全会前夕，逐渐形成于这次会议之后。总的说它是中国共产党十一届三中全会实事求是路线的产物，是和平统一祖国这一战略方针的重大发展。

"一国两制"的构想，最早是针对台湾与祖国大陆统一的问题而提出来的，但是这一方针却最早在解决香港回归祖国的

问题上得到运用和发展。作为中央解决国家统一问题的全新战略思想，"一国两制"有非常丰富的科学内涵。

"一国两制"包括"一国"和"两制"两个方面。"一国"就是世界上只有一个中国，中国的主权和领土完整不容分割。"两制"的准确含义是在统一的中国之内，一些特别的地区可以实行"特殊的政策和制度"，而这些"特殊的政策和制度"既可以与内地的政策和制度完全不同，也可以相互之间不同。这就是说，在"一国两制"之下，不是仅仅允许一套这样的"特殊的政策和制度"存在，而可能是两套或三套"特殊的政策和制度"与内地的主流政策和制度同时存在。"一国两制"的国策既不是用社会主义把它们统一起来，也不是要用其中的某一个资本主义制度把它们统一起来。尽管这些地区各自具体的资本主义制度不同，但在总的性质上，它们都属于资本主义，与内地的社会主义有质的不同。"一国两制"就是指一个国家可以有社会主义与资本主义两种大的制度同时存在，至于不同地区不同的资本主义制度模式，则允许千差万别。

既然"一国两制"有"一国"和"两制"两个方面，实施"一国两制"就要达到双重目的，既要达到"一国"的目的，又要达到"两制"的目的。"一国"和"两制"都是这一方针不可缺少的有机组成部分。

"一国"是"两制"的前提和基础。"一国两制"首先要强调维护国家统一与领土主权完整，简而言之即首先要有"一国"。我们必须首先把维护国家的统一、维护国家领土及主权的完整放在首位，这是"一国"的基本要求，所有关于"两制"的安排都是建立在我们是一个国家的基础之上。失去"一国"这个大前提，"两制"就无从谈起，所谓皮之不存，毛将焉附？没有"一国"的保障，"两制"将成为不可能。如果只要"两制"，只强调特别行政区的特殊性，忽视甚至不要"一国"，那就是"两国"了，这十分危险，"一国两制"将不复存在，"一国两制"也就没有成功，恢复行使对香港的主权也就成为空话。

"一国"和"两制"不可偏废。在坚持"一国"的同时，我们也必须坚持"两制"，尊重历史与现实。只要"一国"，不要"两制"，事事按照内地的做法去做，那就是"一国一制"了，同样违背"一国两制"的精神。维护国家的统一与主权和维护特别行政区的繁荣稳定是"一国两制"不可分割的两个重要方面，缺一不可。

为便于了解和研究"一国两制"，我们可以将它的形成和发展，大体规划成以下四个阶段：

第一阶段是从中国共产党十一届三中全会前夕开始，并以这次会议为标志，是和平统一祖国这一战略方针的最后确立，"一国两制"思想开始形成。

1978年11月，即十一届三中全会前夕，邓小平在接见美国华盛顿邮报记者罗伯瓦克时，曾提出："和平统一实现以后，台湾可以保持非社会主义的经济和社会制度"。

1978年12月，十一届三中全会公报指出："随着中美关系正常化，台湾回归祖国怀抱的前景已进一步摆在我们面前"。

1979年元旦，全国人大常委会《告台湾同胞书》提出："我们的国家领导人已经表示决心，一定要考虑现实情况，完成祖国统一的大业，在解决统一问题时尊重台湾现状和台湾各界人士的意见，采取合情合理的政策和办法，不使台湾人民蒙受损失"。并建议两岸恢复通商、通邮、通航。

1979年3月，邓小平在会见香港总督麦理浩时说："我们始终考虑到台湾的特殊地位，不改变那里的社会制度，不影响那里人民的生活水平，甚至作为一个地方政府可拥有广泛的自治权，拥有自卫武装力量。当然不能有两个中国，也不能有一个半中国"。

可见看出，这一时期和平统一祖国的方针已经确立，虽还没有明确提出"一国两制"的概念，但这一思想已经清晰可见，特别是邓小平的几次谈话讲得更清楚。

第二阶段是从1981年9月叶剑英委员长向新华社记者发表的谈话开始，并以这次谈话为标志，是和平统一祖国的各项具体方针政策的全面阐述。"一国两制"的概念正式提出,"一国两制"的构想基本形成。

1981年9月底,叶剑英委员长在向新华社记者发表的谈话中说:"国家实现统一后,台湾可作为特别行政区,享有高度的自治权,并可保留军队","台湾现行社会、经济制度不变,生活方式不变,同外国的经济、文化关系不变。私人财产、房屋、土地、企业所有权、合法继承权和外国投资不受侵犯"。

1982年1月,邓小平在接见一位海外朋友时说:"九条方针(指叶剑英委员长向新华社记者发表的谈话)是以叶剑英委员长名义提出来的,实际上就是'一个国家,两种制度'。两制是可以允许的,他们不要破坏大陆的制度,我们也不要破坏他那个制度"。关于"一国两制"的概念,正是从这时开始正式使用的。

1983年7月,邓小平在会见美国新泽西州一位大学教授时说:"祖国统一后,台湾特别行政区可以有自己的独立性,可以实行同大陆不同的制度。司法独立,终审权不须到北京。台湾还可以有自己的军队,只是不能构成对大陆的威胁。大陆不派人驻台,不仅军队不去,行政人员也不去。台湾的党政军等系统,都由台湾自己来管。中央政府还要给台湾留出名额"。

可见看出,这一时期"一国两制"的基本构想已经形成,

"一国两制"的概念已经提出，并逐步走向科学化、完善化和具体化。

第三阶段是从1984年开始，并以这年10月15日出版的第四十二期《瞭望》周刊发表的邓小平谈"一个国家，两种制度"文章为标志，是"一国两制"构想的全面阐述。"一国两制"构想进一步系统化和理论化。

1984年9月以前，中英正就香港问题进行谈判，实际是以"一国两制"原则应用于香港。因而在这段时间内，邓小平曾多次就"一国两制"问题发表谈话。例如，2月22日会见美国乔治城大学一研究中心代表团时，4月28日会见美国总统里根时，4月18日和7月31日两次接见英国外交大臣杰弗里·豪时，以及同年6月分别会见香港工商界访京团和香港知名人士钟士元等人时，都曾对"一国两制"构想发表过精辟的论述。其中以《瞭望》杂志10月15日集中归纳报导的内容最为全面。

在所有谈话中，邓小平特别强调说："一国两制"构想是"从中国的情况出发考虑的"，"尊重事实，尊重实际，就是要尊重香港和台湾的历史实际"。又说："一国两制"构想是一项重大的战略决策，并非权宜之计。

邓小平还谈到关于实行"一国两制"的背景、条件、依据、前景和意义等。

可以看出，"一国两制"构想在进入这一阶段后，已进一步系统化和理论化了。"一国两制"的基本原则与香港问题相结合后，它就又变成有理论指导和政策指导的实践了。

第四阶段是从1984年12月中英关于香港问题的《联合声明》正式签署开始，并以1990年4月七届中国共产党全国人民代表大会三次会议通过《香港特别行政区基本法》为标志，是"一国两制"构想由理论走向实践的重大步骤和体现，它将具有深远的意义和影响。

整个中方与英方关于香港问题的谈判和立法过程，既是邓小平等中央领导关于"一国两制"构想在理论上的阐述和发展过程，也是这一构想首先在香港和澳门逐步走向实践的过程。香港问题集中地体现和落实在《香港特别行政区基本法》上。1985年6月，香港基本法起草委员会组成后，经过近五年的艰苦努力，终于完成这一基本法草稿，并于1990年4月4日获全国人民代表大会正式通过。于是香港回归尘埃落定，广大港澳同胞为之欢欣鼓舞。不少港澳报刊著文称赞这一基本法，说这是把"一国两制"国策、"中英联合声明"精神，以及香港几百万居民的合理意愿有机地糅合在一起的宪制文件，并将经得起长时间的历史考验。

"一国两制"具有强大的国际生命力。"一国两制"的核心是和平和相互尊重。把"一国两制"推而广之，在国际上可谓"一个世界，两种或者多种制度"。不同信仰、不同制度的

人相互尊重，和平共处。意识形态和社会制度的不同，不应该
成为国家与国家之间不和平的理由，不应该成为战争的借口。

因此，"一国两制"方针不仅赢得了全中国人民的支持，
也得到了国际社会的高度评价，为人类处理国与国、不同信
仰、不同意识形态之间的关系提供了一个新思路。海外一些学
者甚至认为"一国两制"思想"为未来的政治哲学开一新纪
元"，还"足以开创未来世界的新局面"。英国前首相撒切尔
夫人曾经盛赞这是"天才的创造"。当时的联合国秘书长佩雷
斯·德奎利亚尔也高度评价这一创举，他说："在紧张和对抗不
幸地笼罩着世界上许多地区的时候，对香港未来地位的谈判取
得成功，将毫无疑问地被认为是在当前国际关系中，有效的、
静悄悄外交的一项极为突出的范例。"

98%的澳门人："一国两制"成功了

1999年12月20日零时，中葡两国政府在澳门文化中心举行
政权交接仪式，从此，中国政府对澳门恢复行使主权，澳门回
归到祖国的怀抱。

澳门特别行政区成立以来，"一国两制"、"澳人治
澳"、高度自治的方针在澳门得到全面贯彻实施，澳门经济实
现持续增长，各项社会事业蓬勃发展，社会保持稳定，同祖国

内地的联系和合作日益加深，对外交往更加活跃，国际影响不断扩大，取得了前所未有的发展成就。事实雄辩地证明，"一国两制"事业具有强大生命力。

从1999到2012年，澳门本地生产总值由472亿澳门元增加到3482亿澳门元，人均GDP居亚洲前列。失业率由6.3%下降到3%。居民月工资平均数由4920澳门元上升到8000澳门元，实行了从幼儿教育到高中教育的十五年免费教育，建立和完善了养老金制度，居民安居乐业，各产业协调稳定发展……澳门实现了经济跳跃式发展，成为世界上经济增长最快的地区之一，并被国际权威机构评为世界微型经济体中贸易和投资政策最自由开放的地区。

澳门博彩业历史悠久，自2002年以来，博彩业更是迅猛发展，使特区政府财政收入更为充裕，澳门特区也将持续加强对博彩业的监理，确保博彩业的有序发展，并着力推动澳门整体经济的适度多元化。2009年，澳门博彩业总收益达1098亿澳门元，位居世界第一位。相关税收达419亿澳门元，约占公共财政总收入的73%。

澳门同时也凭借着丰富的旅游资源和世界级的文化遗产以及大型娱乐度假购物休闲等设施，每年吸引了大量来自世界各地的人，络绎不绝的访客中，有普通游人、有商界精英，他们或观光购物或参加会展，在澳门的传统与现代、娱乐与休闲的

不同元素里，乘兴而来，尽兴而归，让澳门的旅游会展业方兴未艾。

优越的地理位置以及独特的历史渊源、中西合璧的文化特色，也使澳门成为东西交融的理想平台。在这里，澳门以自身优势为祖国与葡语国家及欧盟国家等联系穿针引线，也为内地的建设及经济发展贡献力量。

澳门特区政府把爱国、爱澳作为社会核心价值加以倡导及培育。弘扬了澳门同胞爱祖国、爱澳门的优良光荣传统，进一步增强了澳门人民的国家归属感与民族自豪感。

广大澳门居民依法享有前所未有的民主权利和自由，参政议政意识、能力及水平不断提高。居民的合法财产受到法律严格保护，言论、新闻、出版、结社、集会、游行、示威等自由依法得到保障。

"一国两制"在澳门的成功实践，使澳门金融业稳步发展，旅游服务业蓬勃兴旺，商贸会展业生机无限，呈现出稳定、繁荣及可持续发展的大好局面。"一国两制"在澳门的成功落实，赢得了澳门居民的充分肯定。一项调查显示，有98%的澳门人认为"一国两制"在澳门是成功的。

期待中华民族"大团圆"

"一国两制"构想在香港和澳门的成功实践，增强了全体中国人对祖国和平统一的信心。"一国两制"在香港、澳门的成功实践，表明了中国领导人是讲承诺，守信用的。

海内外中华儿女，把期待的目光投向了祖国的宝岛台湾。

这是一次举世瞩目的会晤。2005年4月29日，中共中央总书记胡锦涛在人民大会堂北大厅会见了中国国民党主席连战先生率领的国民党大陆访问团。胡锦涛说，今天的会见是两党主要领导人历史性的会见。中国国民党访问团的来访是中国共产党和中国国民党关系史上的一件大事，也是当前两岸关系当中的一件大事。胡锦涛说，从访问团踏上大陆的那一刻起，我们两党就共同迈出了历史性的一步，这一步既标志着两党的交往进入了新的发展阶段，也体现了我们两党愿共同促进两岸关系发展的决心和诚意。我们共同迈出的这一步，必将记载在两岸关系发展的史册上。连战也指出，今天的聚会是国民党和共产党60年来的头一次，也是在两岸分隔56年来党和党见面交换意见最高层次的一次，难能可贵。

各界人士高度评价胡连历史性会见，认为"胡连会"掀开了历史新的一页，将推动两岸关系向前和平迈进。国共两党此次会谈达成关于促进两岸关系和平稳定发展和维护民众利益的五大共识，符合两岸民意，也体现海外华人心声。台湾地区领导人应当看清形势，顺应民意，和平统一是大势所趋，两岸良性互动是同胞福祉。"胡连会"促使两岸关系大大向前迈进，

其重要意义将长远、深刻地显示出来。凭着两岸华夏儿女共同的智慧和能力，由"台独"势力一手造成的两岸关系的"冰冻"一定会融化，两岸和平谋发展、创双赢的春天即将来临，中华民族的振兴一定会实现。

改革开放以来，在党中央的领导下，对台工作取得一系列重大成就，两岸关系总体面貌发生深刻变化，对于推进祖国和平统一进程，具有重大深远的意义。

今天，台湾岛内仍有一些人完全否定"一国两制"，也有些人认为按"一国两制"方针解决台湾问题"是矮化了台湾"。但是越来越多的台湾有识之士，从香港和澳门的实践中看出，"一国两制"不仅对国家和民族最终和平统一有利，而且对台湾自身也可以说是有百利而无一害。

事实上，在国家统一问题上还有谁能提出比"一国两制"更好的方案呢？"一国两制"对台湾的好处很多。一是地位会更加稳固。如果台湾在"一国两制"下与祖国大陆统一，台湾的地位就稳定了，台湾老百姓所担心的可能发生战争的问题就彻底解决了。在充分享受高度自治权之外，还将得到中央政府无私的全力支持，实现经济的复苏增长，保持社会稳定。二是空间会更加宽阔。祖国大陆愿意看到台湾参加国际民间性、经济性的各种活动。但是，对于台湾试图加入联合国、加入只有主权国家才能参加的国际组织，祖国大陆坚决反对，这是为维护一个中国原则必须坚持的立场。两岸统一后，台湾同胞将会和大陆同胞一道，充分共享伟大祖国在国际上的尊严和荣誉。三是经济会更加发展。由于台湾地区的地理幅员、人才素质等方面的条件，实施"一国两制"方针所获得的成果，将会比香港、澳门更丰硕，具有更强大的生命力。两岸统一后祖国大陆的市场、资源、人力等可以为台湾提供广阔的发展余地，也为台湾的人才在大陆施展才能提供广阔的空间。四是条件会更加宽松。台湾的"一国两制"高度自治的程度，比香港、澳门还要更高，更宽松。两岸统一后，台湾可以保留自己的军队，祖国大陆不派一兵一卒到台湾。还可以在一个中国原则下讨论台湾的任何问题，包括台湾民众、台湾地区领导人到中央政府担任职务的问题等。

要和平解决台湾问题，还有比"一国两制"更好、更符合台湾利益、更符合两岸人民愿望、更合情合理合法的选择吗？

"一国两制"的基本精神，对解决他国领土、主权、制度、民族、宗教纷争问题也有借鉴价值。深受魁北克问题困扰的加拿大曾派政府官员专程赴香港，认真了解"一国两制"、"港人治港"、高度自治的构想，以及基本法咨询和起草的经过，他们对各章节，尤其是"中央和特别行政区关系"十分感兴趣。欧洲某国驻港总领事陪该国驻华大使访问香港时，也专

门了解"一国两制"在港落实情况，表示要参考香港经验，研究引用"一国两制"解决该国主权和领土纷争问题，同时化解国内的分离主义势力。

这说明，"一国两制"已引起国际社会越来越大的关注。我相信，"一国两制"对于中国道路的理论与实践，必然产生更大的影响和作用。

【第十一章】

中国外交：谱写壮丽篇章

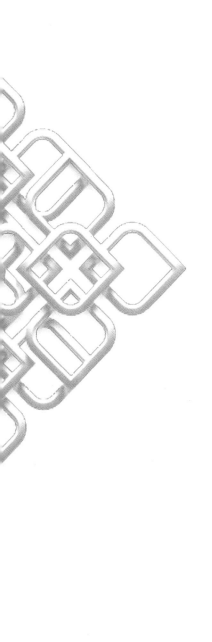

第十一章

中国外交：谱写壮丽篇章

世界礼遇中国人

中国护照的"含金量"越来越高了。

近年来，越来越多国家简化对华签证手续，是中国国家软实力提高的重要标志。据联合国世界旅游组织的调查显示，中国这个世界人口最多的国家同时也是国际旅游的最大消费国，2012年中国游客出境旅游达到8300万人次，消费总额达到1020亿美元，超过其他所有国家。中国旅游研究院估计，中国年出境游客总数到2020年将达两亿多人次。

在美国商家眼里，中国游客是最受欢迎的，因为中国人来到美国慷慨解囊消费。据美国旅游业官方最新数据，2012年，访美中国游客将近110万，增速位列十大客源国第一；中国游客在美人均消费达7000美元，在所有海外游客中排名第一。为

了吸引更多中国游客赴美，不少美国参议院议员建议将中国游客观光签证的有效期限，由最多1年大幅延长到5年，并且允许中国游客多次进出美国。

澳大利亚媒体报道，中国游客已成香饽饽，超过美德成为最有生气的旅游消费者。全球旅游业都要迎合中国游客，了解不同类型的中国游客尤为重要。

英国将对中国商务人士和游客放松签证要求。放松签证规则的决定"既是象征性的，又是实质性的"，英国官员表示，"此举具有重大潜在意义，我们希望向中国展示，我们欢迎他们的人员，欢迎投资。"英国媒体称，如今中国人是世界上最有价值的游客。

对于生活在旧中国的人来说，这简直是一个"惊天动地"的变化。在旧中国，中国人哪里有什么地位可言。即使到了国外，也是"劳工"身份。日本就对中国实施过"抓捕劳工"行动，以中国华北地区为中心，将正在劳动中的农民、正在走路的人不加区别地抓起来，或者通过威胁和欺骗手段强掳。他们的年龄从11岁到78岁，大多是农民，也包括医生、教师、囚犯等各个阶层。被运往日本后，从事繁重的体力劳动，每天都被打，一天只给两个玉米面窝窝头吃。很多人喝不上水，只好喝别人的尿，连牲口都不如。

弱国无外交。在旧中国，外交官也摆脱不了遭受屈辱的命运。1903年，美国旧金山。清朝驻美公使馆陆军武官谭锦镛，因不堪忍受美国警察的殴辱，自杀身亡。那一年8月13日，谭锦镛从华盛顿来旧金山处理外交事务。办完公务，天近黄昏，他走在一座大桥上。一个美国警察与他擦身而过，出言不逊地叫道："中国人，黄猪！"并掀掉他的帽子抓他的长辫子肆意侮辱。同时招来几个巡警，将谭锦镛毒打一顿，将他的辫子缚在篱笆上示众，百般戏弄侮辱。最后，警察将谭锦镛扣上手铐，押进旧金山警察局。尽管谭锦镛出示了使馆武官证件，仍被折腾到深夜。当地一位华侨商人花钱疏通，谭锦镛才被释放。外交官无辜遭此凌辱，谭锦镛万念俱灰，投水自尽。梁启超闻讯赋诗一首："丈夫可死不可辱，想见同胞尚武魂。只惜轰轰好男子，不教流血到樱门。国权坠落叹何及，来日方长亦可哀。变到沙虫已天幸，惊心还有劫余灰"。

从中国人地位的变化，足见中国道路带给中国人民的尊严与荣光！

令世界震撼的撤侨行动

2011年3月1日，当地时间上午10时30分，中国海军"徐州"舰与搭乘我2142名从利比亚撤离人员的"卫尼泽洛斯"号商船顺利会合，开始为撤离我在利比亚人员船舶实施首次护航任务。

当时，利比亚的局势仍在恶化，各国都紧张撤离在利比亚

的侨民。中国政府也展开一场规模空前的国家救援行动，成功将1万多名中国公民撤离利比亚。美国外交关系委员会网站发表了题为《谁是超级大国？来自利比亚的教训》的文章，认为中国坚决保护本国公民、并派出军舰为撤侨船只护航的行为，比美国的"含蓄及谨慎"更像一个"超级大国"。作者提出，中国不仅向利比亚派出了多架飞机和多艘轮船，还将正在亚丁湾海域执行护航任务的导弹护卫舰调往利比亚，为撤侨船只提供支援与保护。"中国人不多饶舌，而是使用实力，明确表示不会容忍任何中国人遇到危险。"美国却光说不做，只是宣称"美国必须留意自己的言行，因为美国公民在利比亚会有危险"。他感叹称，美国居然需要向北京学习如何当一个超级大国，"这真让人沮丧"。

随着中国国力的提升，过去似乎只有美国、日本才会有的大规模撤侨行动，现在中国也有了。国家组织的撤侨行动多了起来，不但华侨，还有去旅游的内地公民，港澳台同胞皆受恩惠。包括海湾战争、东帝汶骚乱、黎巴嫩与以色列的武装冲突、汤加骚乱、乍得内战、海地地震、吉尔吉斯斯坦骚乱，以及前不久的埃及骚乱，中国政府都派机接人。

这是中国外交部开始重视保护中国人民在海外的安全以及财产利益，是中国外交思想的一大转变，这是很大的进步。

香港《大公报》刊文说，对于中国运用多种资源和渠道从利比亚撤侨，表明了中国维护海外华人华侨生命财产安全的资源、手段更多了；也标志着中国外交与十几亿国人、4000万海外华人华侨更近了；维护国人利益、处理海外突发事件进入了新的阶段。

香港中通社刊文表示，有分析指，从近年中国海外撤侨行动中不难发现，所有行动均是以最快行动实施的，不仅体现了政府对海外侨民和工作人员的关心，也是综合国力提升的表现。文章指出，中国近几年有过多次成功的海外撤侨行动。有分析人士表示，此次从利比亚撤离中国公民人数众多，时间紧迫，由于中国政府采取陆海空相互配合的撤侨方案，收效甚佳，开创了中国撤侨史的先河，并为海外撤侨保障体系的建立积累了不少成功经验。

法国《欧洲时报》也发表评论，高度评价中国在利比亚局势持续恶化之际采取的"最大规模"、"海陆空并用"与"高效率"的撤侨行动。评论表示，从2006年东帝汶、所罗门撤侨至今，中国已组织了大大小小数十起撤侨行动，成千上万的中国公民得到及时援助，人身及财产安全得以保障。但这次不但规模最大，难度最大，情况也最复杂。而中国表现出的却是及时、有力，知难而进，方式创新，立体高效。

有评论认为，此次撤侨行动，体现了中国对其在海外人员保护能力的提升，体现了中国政府处置突发事件能力的增强以及应急机制的日益完善，也体现了中国国际影响力的提升。

大规模撤侨行动，是中国外交走向强盛的标志性事件。

中国外交：谱写壮丽篇章

始终不渝地走和平发展的道路，是新中国成立以来一直坚持的外交路线。

60多年来，新中国外交取得举世瞩目的历史成就。独立自主、爱好和平，始终是中国外交的两大本质特征，也构成了中国对外政策的基石。

以毛泽东同志为核心的党的第一代中央领导集体确立了以和平为宗旨的、独立自主的外交政策，积极倡导和平共处五项原则，使我国在激烈动荡的国际环境中站稳了脚跟，为社会主义革命和建设赢得了有利的国际条件。

以邓小平同志为核心的党的第二代中央领导集体作出和平与发展是当今世界两大主题的科学论断，坚持奉行独立自主的和平外交政策，明确把为国内现代化建设争取一个较长时期的国际和平环境和良好的周边环境作为外交工作的目标和任务，进一步开创了外交工作新局面。

以江泽民同志为核心的党的第三代中央领导集体牢牢把握世界多极化和经济全球化等发展趋势，积极倡导新安全观和国际关系民主化，维护世界多样性和发展模式多样化，建立起全方位、多层次的外交格局，我国的国际地位和影响进一步提高。

党的十六大以来，以胡锦涛同志为总书记的党中央高举和平、发展、合作旗帜，提出走和平发展道路、奉行互利共赢的开放战略、推动建设持久和平、共同繁荣的和谐世界等重大战略思想，我国的全方位外交不断取得新进展。

党的十八大以来，以习近平为总书记的党中央推进中国外交理论和实践创新，提出许多重大对外战略思想、外交政策和策略方针，开展了一系列重大对外行动。

新中国成立后的外交成就是巨大的。中国逐步打开了国际交往的局面，坚定地维护了国家的主权、独立和民族尊严，巩固和提高了我国的国际地位。改革开放后，我国牢牢把握和平与发展的时代主题，大力推进全方位外交，不断开创外交工作新局面，为国内现代化建设争取到总体和平稳定的国际环境和良好周边环境，我国的综合国力大幅提升，国际地位和影响显著提高。

中国同世界各国的友好合作全面发展，建交国已由新中国成立初期的18个增加到现在的170多个。

中国高举和平、发展、合作的旗帜，始终不渝奉行独立自主的和平外交政策，坚持在和平共处五项原则的基础上同所有国家发展友好合作关系，致力于维护世界和平与稳定，促进地区和世界的共同发展，推动人类文明的繁荣进步。

在国际事务中，中国素来秉承公道，伸张正义，坚持世界所有国家不论大小、强弱、贫富，都应一律平等，尊重各国人

民自主选择发展道路的权利，不干涉别国内政，更不把自己的意志强加于人。

中国主张各国都应遵循联合国宪章宗旨和原则，恪守国际法和公认的国际关系准则，推进国际关系民主化。

中国力主以和平方式解决国际争端和热点问题，反对诉诸武力或以武力相威胁。

中国以实际行动推动国际和地区安全合作，反对一切形式的恐怖主义，维护核武器等大规模杀伤武器不扩散原则，并倡导树立互信、互利、平等、协作的新安全观，支持建立公平、有效的集体安全机制。

中国坚决贯彻与邻为善、以邻为伴的周边外交方针，不断加强同周边国家的睦邻友好和务实合作，积极开展区域合作，为共同营造和平稳定、平等互信、合作共赢的地区环境作出不懈努力。

中国主张各国在经济上相互合作、优势互补，共同推动经济全球化朝着均衡、普惠、共赢方向发展，通过磋商协作妥善处理经贸摩擦。

中国尊重世界的多样性，主张文化上相互借鉴、求同存异，反对抬高一种文明而贬低另一种文明的主张和行为。

新中国外交的光辉历程积累了宝贵的经验，笔者认为，归纳起来主要体现了"六个坚持"：

一是坚持了一个指导，就是以党的外交理论为指导。新中国外交走过了六十多年不平凡的历程，在实践中逐渐形成了一系列重大的外交政策主张和战略思想，包括坚持独立自主的和平外交政策，坚持和平共处五项原则，高举和平、发展、合作、共赢的旗帜，坚持走和平发展道路，推动建设和谐世界，等等。这些成功的外交实践和理论，是做好外交工作的强大思想武器，也是中国外交前进的动力和指南。

二是坚持了根本方法，就是统筹国内国际两个大局。统筹协调是做好新形势下外交工作的根本方法。要统筹好国内国际两个大局，一切都要以是否有利于国内改革、发展、稳定大局，是否有利于维护和用好战略机遇期、顺利实现全面建设小康社会战略目标为判断标准。要统筹双边外交和多边外交，既通过加强双边关系为多边外交积累资源，也要利用多边外交促进和改善双边关系，使二者协调推进，协调发展。要统筹国别区域外交与领域外交，统筹中国人民的根本利益和世界人民的共同利益，正确处理核心、重要和一般利益的关系，当前利益和长远利益的关系，局部利益和整体利益的关系。

三是坚持了一个布局，就是充实和完善全方位外交布局。相互尊重，合作共赢地构建新型大国关系。继续把周边作为外交优先方向，塑造和平稳定、发展繁荣的周边环境。不断增大周边投入，积极推进周边互联互通，探索搭建地区基础设施投融资合作平台。加强与周边国家的人文交流，夯实睦邻关系的社会基础。在传统和非传统安全领域加强合作，积极拓展与周

边国家的防务与安全交流。

四是坚持了一个理念，就是弘扬新型义利观。构建与发展中国家的命运共同体，同发展中国家交往中坚持义利并举、义重于利。对发展中国家的援助不附加任何条件，帮助他们实现自主发展和可持续发展。

五是坚持了应尽责任，就是积极参与国际和地区热点问题的处理，为维护世界稳定与安宁承担应尽的责任。作为联合国安理会常任理事国，力所能及地为解决世界上的各种问题和挑战发挥中国独特的积极作用。做当代国际秩序和公认国际关系准则的维护者，同时更积极有为地参与国际体系的变革与完善，推进世界多极化进程，充实和完善国际治理体系。

六是坚持了外交为民，切实维护中国公民的海外合法权益。把海外利益保护工作放到更加突出的位置上来，加大投入，并从体制机制、法律法规方面加以保障和完善，调动各方资源，综合运用各种手段，切实提高海外利益保护的能力和水平，更好地维护海外公民和法人的合法权益。

世界影响着中国，中国也影响着世界。中国外交，在中国道路上谱写了壮丽的篇章。

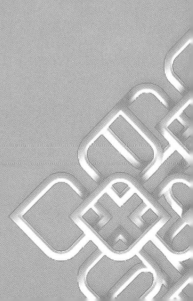

【第十二章】

阳光路上的『中国梦』

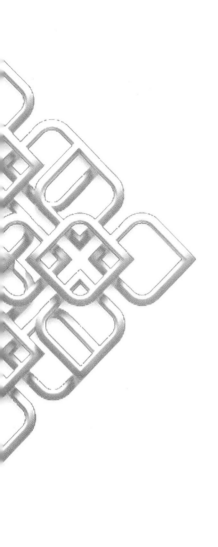

第十二章

阳光路上的"中国梦"

中国梦，我们的梦

在中华民族的史册上，这两个历史镜头值得珍藏和铭记。

镜头之一：公元2012年11月29日上午，也就是党的十八大刚刚胜利闭幕后不久，习近平等党和国家领导人来到位于天安门广场东侧的国家博物馆，参观《复兴之路》展览。参观展览期间，习近平发表重要讲话，他说，现在大家也在讨论中国梦，何为中国梦？我认为实现中华民族伟大复兴，就是中华民族近代最伟大的中国梦。因为这个梦想，它凝聚和寄托了几代中国人的夙愿，它体现了中华民族和中国人民的整体利益，它是每一个中华儿女的共同期盼。

镜头之二：公元2013年3月17日，北京人民大会堂。第十二届全国人民代表大会第一次会议在北京人民大会堂举行闭

幕会，习近平主席在会上发表重要讲话。他说，实现全面建成小康社会、建成富强民主文明和谐的社会主义现代化国家的奋斗目标，实现中华民族伟大复兴的中国梦，就是要实现国家富强、民族振兴、人民幸福，既深深体现了今天中国人的理想，也深深反映了我们先人们不懈奋斗追求进步的光荣传统。他强调，中国梦归根到底是人民的梦，必须紧紧依靠人民来实现，必须不断为人民造福。

中国梦一经提出，就得到了全体人民的热烈支持和响应。中国梦，反映了中国人民包括海外同胞、全世界华人的共同心声、共同愿景、共同意志，极大地凝聚了全党和全国人民的最大共识，极大地激发了中国人民发展国家、振兴民族的热情。在政府机关、在人民团体、在高校校园、在工厂矿山等，人们都在热议"中国梦"。大家说，中国梦的提出，既饱含着对近代以来中国历史的深刻洞悉，又彰显了全国各族人民的共同愿望和宏伟愿景，再次燃起了中华民族圆梦的火热激情。有网友表示，每个人都有自己的梦想，夸父逐日、精卫填海、愚公移山，都因为心中的"梦想"。"中国梦"是整个中华民族不断追求的梦想，是亿万人民世代相传的夙愿，它本质上是无数"个人梦"的汇合和升华。还有的网友说，不管在什么时候，我们都要怀揣梦想，尊重梦想，并为了实现梦想而努力奋斗，用无数个人理想的奋斗和个人梦想的实现，堆砌出华丽的"中国梦"。作为个人来讲，应该主动问问自己"能够为国家做点什么"，而不仅仅是问"国家能为自己做什么"，从而找准个人事业与中国特色社会主义事业的契合点。作为政府来讲，也应该认真倾听群众的声音，在绘制"中国梦"的政策制定层面，就要真实反映群众意愿，有效动员群众力量。"作为中华儿女，要实现中国梦就当牢记'空谈误国、实干兴邦'；作为龙的传人，要实现中国梦就当'从我做起、向我看齐'。以等不起的紧迫感、慢不得的危机感、坐不住的责任感投身到中华民族伟大复兴的梦想中来，以苦干实干会干、想干敢干真干的劲头推动中国特色社会主义事业不断前进"，有的网友"晒"出这样的帖文。有更多的网友认为，国强与民富是托起"中国梦"的双翼。从国家的层面讲，"中国梦"是一个美好愿景，主要是体现在"国家富强"上。而对于每个具体的中国人来说，"中国梦"就是"人民幸福"，其内涵和核心就是"共同富裕"。一部分人的"富裕梦"不能构成整个"中国梦"。要让"中国梦"照进每个角落、惠及亿万人民，就要坚持共同富裕不动摇。

笔者认为，中国梦最广泛地调动起了中国各族人民团结奋进建设祖国的积极性，也从更广的范围上，调动了一切热爱祖国、支持祖国的中华儿女的积极性。这是一种探索中国道路的力量最大化，这是一种凝聚中国精神的力量最大化。中国梦所

唤起的全体中华儿女实现民族伟大复兴的伟力，将随着时间的推移更加清晰地呈现在世人面前！

实现中国梦靠什么？

什么是中国梦？习近平总书记说，"实现中华民族伟大复兴的中国梦，就是要实现国家富强、民族振兴、人民幸福。"中国梦是国家的、民族的梦，也是每个中国人的梦，归根到底是人民的梦。习近平同志在当选中共中央总书记后的第一次讲话中，用更朴素、实在、具体的话解释了中国梦。他说："我们的人民热爱生活，期盼有更好的教育、更稳定的工作、更满意的收入、更可靠的社会保障、更高水平的医疗卫生服务、更舒适的居住条件、更优美的环境，期盼孩子们能成长得更好、工作得更好、生活得更好。"

中国梦有深厚的历史底蕴。大家常常说起"振兴中华"这句话，是孙中山先生最早提出了这一口号。他在1894年兴中会成立章程中写道："是会之设，专为振兴中华"。周恩来同志在读书时的一句"为中华崛起而读书"，一直是青年学子奋发向上的励志警句。孙中山先生提出了"振兴中华"的口号，推翻了满清王朝，作出了重大贡献，但是没有找到民族复兴的出路。中国共产党成立以后，领导人民经过不懈奋斗，才逐步使这个梦想成为现实。毛泽东、邓小平、江泽民、胡锦涛同志都对民族复兴作了大量论述。改革开放初期，"团结起来，振兴中华"这个口号，成为最响亮的激动人心的名言。从鸦片战争开始，170多年过去了，快要到了梦想成真的时候。习近平同志说："我们比历史上任何时期都更接近中华民族伟大复兴的目标，比历史上任何时期都更有信心、有能力实现这个目标。"

怎样实现中国梦？习近平同志指出：实现中国梦必须走中国道路即中国特色社会主义道路，必须弘扬中国精神即以爱国主义为核心的民族精神、以改革创新为核心的时代精神，必须凝聚中国力量即中国各族人民大团结的力量。笔者认为，要有"六个依靠"。

第一，依靠党。中国共产党是中国特色社会主义事业的领导核心。历史充分证明，唯有坚持中国共产党的领导，不断增强党的创造力、凝聚力、战斗力，进一步增强对中国特色社会主义的理论自信、道路自信、制度自信，才能团结一切可以团结的力量，早日共圆中国梦。千千万万的共产党人是托举"中国梦"的脊梁。无论是革命年代、建设时期还是改革开放的阶段，共产党员都是推动社会发展的中坚力量。中华民族的伟大复兴是当代中国人民的理想和追求，是一个鼓舞人心的目标和前景，是历史赋予我们党的重任。中华民族的命运同中国共产党的命运已经紧紧地连在一起。历史将再次证明，面向21世纪

的中国共产党，一定能够担负起领导中华民族伟大复兴的历史责任，带领中国人民早日实现中国梦。

第二，依靠人民。"中国梦归根到底是人民的梦，必须紧紧依靠人民来实现，必须不断为人民造福"。人民是历史的创造者，群众是真正的英雄。马克思的人民主体观要求，实现中国梦必须尊重人民的主体地位。实现中华民族复兴，是空前艰巨的宏伟事业，始终需要全体人民来共同担当。一方面，中国特色社会主义坚持人民利益至上，始终着眼维护和发展最广大人民的根本利益，努力把实现民族复兴与谋求人民福祉统一起来，使人民群众真切感受到自己是民族复兴伟业的直接受益者，为民族复兴出力流汗就是为自己创造幸福生活。另一方面，中国特色社会主义坚持发展人民民主，努力把实现民族复兴与尊重民主权益统一起来，使人民群众真切感受到自己是民族复兴伟业的主人翁，为民族复兴贡献才智就是实现自己的人生价值，将个人前途命运同整个民族前途命运融为一体。中国特色社会主义的一个突出优越性，就在于始终高扬人民的旗帜，能够从根本上解决好实现民族复兴的依靠力量问题。

第三，依靠实干。"空谈误国，实干兴邦"指明了实现中国梦的根本途径。走中国特色社会主义道路，贯彻落实党的理论、路线、方针和国家一切法律制度、政策、措施，归根到底靠实干。没有实干，蓝图无论多么美好动人，终究无法成为现实。创造越来越多的物质财富，增强社会的物质实力，是实现人民安居乐业、社会安定和谐、国家兴旺发达、民族自立自强的根本之道；脱离"实干"的"空谈"不创造任何物质财富，"国家富强、民族振兴、人民幸福"只能是空话。在实干中，我们必须尊重规律、求真务实，必须勇于担当、任劳任怨，必须不怕挫折、攻坚克难，必须团结合作、顾全大局。

第四，依靠团结。中国各族人民的大团结是我们实现中国梦的力量源泉。只要全国各族人民紧密团结，万众一心，为实现共同理想而奋斗，实现梦想的力量就无比强大。当人民群众处在一盘散沙的状态时，是没有力量的，只能任人宰割、任人奴役；一切与人民为敌的势力，最害怕的就是人民的团结。人民只有组织起来、团结起来才有力量，才能在争取自身利益的斗争中取得胜利。只有形成团结一心的精神纽带、自强不息的精神动力，才能把人民组织起来、团结起来，共同迈向实现中国梦的征程，共同迈向朝气蓬勃的未来。

第五，依靠道路。中国道路从来连接着中国梦，中国梦是中国道路的应有之义。我们已经走出一条引领当代中国发展进步的正确道路，这就是中国特色社会主义道路。这条道路来之不易，必须倍加珍惜。新中国成立60多年特别是改革开放30多年的实践已经无可辩驳地证明：中国现在走的这条路是成功的、正确的。我们有充分的理由坚定自己的道路自信。中国梦

要落到中国道路上，只有把这条路走好，才能使这一梦想最终成为伟大而光辉的现实。

第六，依靠精神。民族精神是一个民族生生不息、薪火相传的精神血脉。在5000多年的发展中，中华民族形成了团结统一、爱好和平、勤劳勇敢、自强不息的民族精神，我们党领导人民在长期奋斗中不断丰富着以爱国主义为核心的伟大民族精神。在当代中国，爱国主义同社会主义是紧密结合的。高扬爱国主义、社会主义旗帜，就能最大限度地凝聚和动员全民族的力量，为振兴中华而奋斗。创新是民族进步的灵魂，全民族的创造精神和创新能力，是实现中华民族伟大复兴的不竭动力。改革开放使我国各族人民焕发出巨大的创造活力，形成了以改革创新为核心的鲜明时代精神。只有坚持改革创新，才能让一切创造新生活的活力和源泉竞相迸发、充分涌流。民族精神和时代精神是相互交融的，深深熔铸在民族的生命力、创造力和凝聚力之中，是凝心聚力的兴国之魂、强国之魄。弘扬伟大的民族精神和时代精神，就能增强中国力量为实现中国梦团结奋斗。

"中国梦"吸引了世界的目光

美国媒体称：邓小平提出"改革开放"，胡锦涛倡导"和谐社会"，习近平则有他的"中国梦"。这个口号是新任中国国家主席习近平2012年11月当选中共中央总书记后不久提出的。

美国《纽约时报》网站发文称，习近平在位于北京的中国国家博物馆参观一场名为《复兴之路》的展览时阐述了"中国梦"，那场展览的主题是曾遭受西方和日本欺辱的中国的抗争史。习近平为中国成为超级大国的抱负刻下自己的印记。文章称，这个概念随即备受推崇。中共党报《人民日报》的头版文章提到"中国梦"就不下24次，同时还引发网络热议。文章指出，中国工人阶级过去30年的个人梦主要是物质层面的。中国人希望买得起自行车、电视机，从农村搬到城市，为子女提供良好的教育。如今，庞大的城市中产阶级不再满足于基本的物质需求。他们关心环境问题，渴望丰富的精神生活。

美国詹姆斯敦基金会网站刊登题为《在"中国梦"的含义问题上爆发激烈辩论》的文章指出，自2012年11月的中共十八大上成为总书记以来，习近平至少五次谈到"中国梦"。在所有这些场合，习都把中国梦等同于"实现中华民族伟大复兴"，并称这是近代以来中国人民最伟大的梦想。文章称，在其最简单的层面上，中国梦或中华民族的复兴只是指一个经济繁荣和军事上强大的中国。习近平2012年11月在中国国家博物馆提出他所喜爱的这一思想时，确立了两个经济发展的具体目标。到2021年，即共产党成立百年时，中国应该实现"全面建成小康社会的目标"。此外，到2049年，即人民共和国成立百年时，中国将已发展成一个"富强民主文明和谐的社会主义现代化国家"。文章称，在2013年3月当选国家主席后，在重

新审视中国梦时，习近平暗示对某种形式的平等主义的承诺。他表示："中国梦是民族的梦，也是每个中国人的梦。"这位领导人进一步承诺，所有的中国人都"共同享有人生出彩的机会，共同享有梦想成真的机会"。习近平誓言，中共政府"既不走封闭僵化的老路、也不走改旗易帜的邪路"。事实上在全国人大会议的讲话中，习近平指出了实现中国梦的三个先决条件：实现中国梦必须走中国道路；实现中国梦必须弘扬中国精神；实现中国梦必须凝聚中国力量。文章认为，这基本上排除了引进西方思想和政治制度的可能性。

英国《经济学家》杂志网站5月4日发文称，越来越多的中国学校在组织"中国梦"演讲比赛。有的学校设立了"梦想墙"，学生可以在上面表达自己对未来的展望。共产党官员选出了"中国梦"的典型，到各地宣讲，用自己的成就激励他人。官员鼓励学者提出有关"中国梦"的研究计划。报纸越来越多地提到"中国梦"。文章称，提出一个自己的口号，这已经成为毛泽东以来每位中国领导人的必经仪式。不过习近平的"中国梦"口号很特别，它很通俗。他的口号没有意识形态和共产党政策方面的暗示。它与一个国外的概念"美国梦"一致，这很可能是有意为之。以前邓小平提出的"改革开放"可以从政策层面得到广泛解读，而"梦"似乎旨在激励而不是告知。

英国广播公司网站评论说，中国国家主席习近平在人大会议闭幕式上的讲话中表现出对中国发展方向的自信，指出中国历经几代领导人摸索出中国特色社会主义道路。实现民族和国家复兴的中国梦要依靠人民来实现，要为人民造福。

巴基斯坦总统扎尔达里在接受新华社记者专访时说，中国新领导层由富有经验的政治家和管理者组成。他们有卓越的敏锐洞察力和远见，了解人民心声，并热爱人民。他们的风格和谦逊作风已经为他们赢得社会各界的赞誉。扎尔达里认为，中国梦是习近平主席提出的一个伟大愿景，将给中国百姓带来巨大实惠。一个富强和繁荣的中国对世界有益，因为这样的中国将创造巨大商机，以此实现共同发展并取得共同成功。

保加利亚保中论坛主席丹切夫表示，中国梦不是唯意志论的空想，而与中国人民的教育、住房、医疗等切实需求息息相关。两会有各领域、各层次的代表和委员参与，有这种广泛参与的民主平台作为基础，有理由相信中国梦一定能够实现。

美国《芝加哥华语论坛》发表评论员文章说，海外华人曾怀抱各种不同的"梦"走向各国，书写了一部"酸甜苦辣、尽在其中"的生存发展史，也走过了坚忍不拔、始终如一的"寻梦"历程。今天，他们终于有了一个共同的、实实在在的、能使所有中国人对人类做出更大贡献的"中国梦"。

在法国，《欧洲时报》在一篇社论中说，"中国梦"的承载既高远也实在，既厚重也轻盈，既深邃也朴实。在德国，《时代》周报网站的一篇报道指出，中国目前正在实施一个雄心勃勃的计划，那就是使越来越多中国农民从农村迁移到城

市。由于大多数农民的生活水平比城市居民低，因此缩小城乡差距的途径是城市化。城市化被中国亿万农民看做是美好梦想的一个孵化器。在西班牙，有媒体的网站文章说，中国前国家主席胡锦涛在卸任时确定了新议程的基础，这个议程在中国现代化过程中很关键，这就是习近平现在所说的"中国梦"。胡锦涛任内把解决不平等现象、技术革新、尊重环境、民主和软实力等课题提上议事日程，真挚地提出问题、真心实意地想要解决这些问题即意味着中国改革进程转折点的到来。在俄罗斯，《晨报》网站文章指出，"中国梦"非常实际，就是要提高生活水平，巩固具有儒家思想的共产党国家和保障国际安全。简而言之，就是繁荣的经济加上高效率的国家。对于世界经济来说，中国梦可能比美国梦更适宜，它不张扬西方的个人主义，它推崇集体主义，每个人都是社会的一颗螺丝钉。在日本，《外交学者》杂志网站把中国梦理解为一种"集体承诺"，《产经新闻》认为，这一"朴素的愿望"体现了"无法抗拒的民族感情"。在非洲，肯尼亚经济事务研究所首席执行官奥维诺认为其具体内容以发展民生为主，是值得借鉴的新发展模式。

中国追求发展梦想的路径与方式，还深深影响着一些国家的政府决策，带动广大发展中国家的经济发展。多哥国民议会第一副议长克拉苏将中国比作"牵引许多国家的火车头"。墨西哥《至上报》国际新闻版主编卡雷尼奥十分看重中国"世界经济发动机的角色"。

法国前总理拉法兰形象地说,"中国梦"是和谐之梦、和平之梦、发展之梦。这其中,个人与社会得到发展,中国与世界实现共赢。

中国梦是和平和谐之梦

应当看到,任何国家在崛起时都有自己的梦想。比如说,"英国梦""美国梦"等等。这些梦想激励着一批又一批的人士去努力奋斗,取得成功,为国家的崛起作出贡献,中国的今天,就处在这个时期。有人形象地称之为中国"梦工厂"。

也有少数戴有色眼镜的人,认为中国梦是别的国家的"噩梦",认为"中国梦"共圆之时,便系他国噩梦之始。这或许是一种"酸葡萄心理",还是这些人本身就习惯于从鸡蛋里面挑骨头。显然,这个"噩梦"的新瓶里,装的正是所谓"中国威胁论"的旧酒。

中国梦是和平之梦。是一种用和平、文明的方式,实现国家富强、民族振兴、人民幸福,是和平之梦、和谐之梦。中国追求"国家富强、民族振兴、人民幸福"的"中国梦"实际上必将为世界带来和平与机遇,这是由中国坚定不移的和平承诺和中国未来的发展路径决定的。诚如习近平主席在莫斯科国际关系学院发表演讲时所重申的那样,中国作为维护亚太和全球

和平稳定的重要力量，坚定不移地走和平发展道路。中华民族历来爱好和平，最需要在和平环境中建设国家。他向全世界承诺："中国将坚定不移走和平发展道路"。中国人不管将梦筑得多么圆满，中国不管将来多么强大，也永远是维护与捍卫世界和平的中坚力量。

中国梦是共同繁荣之梦。中国的强大不是威胁而是世界和平、发展、合作的机遇。美国智库兰德公司有一篇题为"中国与全球化"的文章可以成为佐证。文章说，"刚开始的时候，大家普遍担心中国的成功会吸引走亚洲邻国的贸易与投资，从而使他们变穷。而事实上，情况完全相反。亚洲国家改变以前的规定，转向欢迎外国投资，如印度、韩国和日本，这些国家的外来投资大大地增多了。中国教导大家吸引外资，从而外资的水池大大地扩大了。在全球经济低迷的情况下，韩国和菲律宾等国家发现中国的需求使它们免受经济衰退之苦。最重要的是，中国的需求对日本走出衰退起到了促进作用"。事实证明，作为世界第二大经济体和人口第一大国，中国梦对整个世界都是利好。

中国梦连着世界梦。中国梦是利于世界的梦，和平发展、共同繁荣的梦！

【卷尾篇】

意气风发地走在大道上

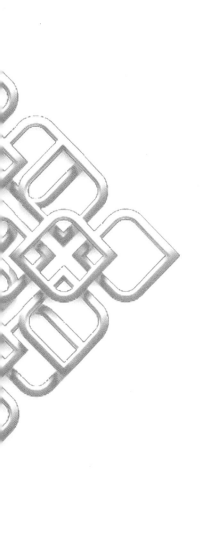

卷尾篇

意气风发地走在大道上

中国道路的影响是世界性的。笔者预言，中国"两个百年"目标实现之日，就是西方世界一个最大谎言"社会主义必将失败"的破产之日。

1989年，就在国际共产主义进入低潮之时，美国的布热津斯基出版《大失败——二十世纪共产主义的兴亡》一书，这本书在"前言"中"预言"，"这是一本论述共产主义的最后危机的书"。书中全面诽谤了马克思主义和100多年的共产主义运动，断言"到下个世纪共产主义将不可逆转地在历史上衰亡，它的实践与信条不再与人类的状况有什么关系"。

今天，中国用自己走出的道路证明：在新的世纪，社会主义将不可逆转地在历史上走向强盛，她的实践与信条与人类的状况关系巨大。因为，这是历史发展的规律。

一段时间以来，总会有那么一些人，内外勾连，以互联网为载体，全面地、公然地歪曲事实，打击中国人民走中国道路的自信，并且颇有影响，大有"黑云压城城欲摧"之势。在网上，只要是骂党和政府的，就会有人叫好，只要是为党和政府说句公道话的，就被冷落，污蔑为"五毛"。

为什么？因为在中国突飞猛进的发展面前，西方世界多年来普遍形成的"西方体制优于东方体制"的舆论不攻自破。西方世界对自身文化的优越感正被中国一步步挤压殆尽。眼看舆论优势难保，也就有人想尽各种方式方法，加大攻击中国优秀传统文化和攻击中国社会体制的力度。

这些，无非是想打击你的自信。党的十八大提出的"三个自信"，提得何其好啊！笔者概括了一下，打击中国道路、理论、制度的自信，无非有这么几种方法：

颠覆观念，扰乱思想。目的是让你"摸着黑走路"。最典型的例子是，连我们中华民族的爱国主义光荣传统都受到质疑和嘲笑。有个别网络所谓的大V们，拿我们的民族英雄、革命先烈"开涮"，反复向人们灌输：这个国家不值得你爱，这个国家和你无关……真是岂有此理！天下有谁不爱自己的母亲，有谁因为爱自己的母亲受到嘲笑？连这些大V们奉为"精神领袖"的美国人，电视里不也经常出现一响起美国国歌，他们就把手放在胸前虔诚歌唱的镜头吗？为什么没有受到嘲笑？我觉得这些人，就像邪恶的墨斗鱼，对着自己的同胞喷出一股黑水，妄想让前进的人们看不清道路。

造谣抹黑，打击自信。目的是让你"弯着腰走路"。比如对大饥荒的夸大。在上个世纪八十年代初，关于我国在1960年前后有"数千万人非正常死亡"的重大谣言就开始出现。在各种原因的综合作用下，这一重大谣言在我国得到越来越广泛的传播。然而，经过孙经先教授等人的考证，事实充分证明，国内外一些人得出我国三年困难时期"饿死三千万"的结论是非常荒谬的，许多是刻意夸大的。制造、传播这些重大谣言的目的，就是让人失去对中国共产党、对中国政府的信心。

渗透瓦解，摧毁信仰。目的是让你"僵尸般走路"。他们一方面逐渐向人们渗透所谓"普世价值"，拿出冠冕堂皇的"民主""自由"等概念，一方面把中国一切不好的东西都归咎于制度和体制，鼓吹中国只有接受"普世价值"才有前途。"灭人之国，必先去其史。"有些人以"重新评价"为名，歪曲党史国史，"重评"已有定论的历史事件和历史人物，贬损革命前辈，诋毁党的领袖，甚至不惜编造事实去丑化和污蔑。这样做的目的，就是让你彻底失去信仰，像羔羊一样任人摆布。

培植代言，分化力量。目的是让你"争吵着走路"。一个国家的现代化进程都会经历从低收入向中等收入迈进的阶

段，在这个阶段，都会遇到经济社会结构发生深刻变动，都会遇到矛盾凸显期。我国已跨入中等收入国家行列，许多复杂的经济、社会、政治和技术挑战相互叠加，各种社会矛盾和问题集中呈现。这是任何一个国家现代化进程中都会遇到的问题，美国等西方国家都概莫能外。值得警惕的是，一些或明或暗拿着国外各种非政府组织资助的人，一些外国资本有意无意"扶植、吹捧"的人，总会无限地把这些问题放大，把局部的说成整体的，在个别的问题上升为普遍的问题，在网上"引导"人们对党和政府的不满，分散中国集中前进的动力。

输出价值，消磨意志。目的是让你"没力气走路"。西方曾经"民主""自由"地向我们输出过鸦片。如今，不排除继续向我们输出精神上的鸦片。在我们这样一个文明古国，拜金主义是怎么形成的？极端享乐主义是怎样形成的？笔者2001年就曾说过，"对一个国家的分化、瓦解，往往都是从输出价值观开始的"。以电影、电视、流行音乐、互联网为代表的西方文化借助商业机制和高科技手段，大举对我国进行渗透，借助文化产品的输出公开或隐蔽地推销其社会政治理念、价值观念、意识形态和生活方式，宣扬西方的社会制度并散布"西方文化中心论"，很多年轻人生活方式、思维方式、行为方式、价值观念不断受到侵蚀，本土文化、民族传统受到极大影响，极大地削弱了人们对民族文化的认同，间接影响了我们建设中国特色社会主义的精神和斗志。这难道不值得我们警惕吗？

中国党和政府从来没有否认问题的存在。在新一届中央政治局常委同中外记者见面会上，习总书记就坦言："新形势下，我们党面临着许多严峻挑战，党内存在着许多亟待解决的问题。尤其是一些党员干部中发生的贪污腐败、脱离群众、形式主义、官僚主义等问题，必须下大气力解决。全党必须警醒起来。"

在前进的道路上，问题是存在的。关键是如何理性、全面、辩证地看待问题。应当看到，这些问题，大都是我国飞速发展过程中的问题，也是任何一个国家在高速发展时都会遇到的问题。比如说空气污染问题。难道伦敦在经济高速发展时就没有出现过大雾？上个世纪70年代，很多纽约的市民为了防止污染，不也戴着口罩上街？

还有人说，我们现在的贫富差距拉大，应当看到，这是总体小康基础上的拉大；有人说，我们城乡区域发展不平衡，应当看到，这是一部分地区先发达起来以后的不平衡。我相信，如果有人去国外城市里，看到真正的贫民窟，那种触目惊心的贫穷，才会让你理解什么是两极分化。

有人说房子太贵，我们也必须认识到，是不是自己追求大户型、追求一步到位呢？就连美国，很少有人一毕业、一结婚就买房子的。

　　同时，我们必须看到，党和政府对问题看得很清楚，对群众诉求给予积极回应，正在采取措施逐步加以解决。从各级政府晒"三公经费的数字"，到薄熙来案件的网上直播，从网上民意监管力度的增强，到"老虎""苍蝇"一起打的反腐行动，从群众路线教育实践活动的反"四风"，到收入分配体制的改革……我们的党和政府，对于群众反映大的问题，正在积极回应、认真整改。

　　全面否定是别有用心的，急于求成是不切实际的。

　　我要向读者们说的是，经过对中国特色社会主义道路的研究和思考，我对中国特色社会主义道路、理论、制度充满了自信。

　　我们走得很好，为什么不自信？新中国成立60多年特别是改革开放30多年的实践已经充分证明：中国现在走的这条路是成功的、正确的。我们看不到世界上还有哪个与中国有可比性的国家比中国发展得更好、更成功。我们有充分的理由坚定自己的道路自信、理论自信、制度自信，而没有任何理由重走封闭僵化的老路或改旗易帜的邪路。

　　我们走得很好，为什么不自信？试问，在这个世界上有哪一个政党、哪一个组织，可以面对如此广袤的国土、如此众多的人口、如此复杂的国情、如此积贫积弱的大国，制定这样坚定的目标，凝聚这样巨大的力量，创造出这样的人间奇迹？

我们走得很好，为什么不自信？我们已经找到了一条国家发展的正确道路，沿着这条道路走，我们比历史上任何时期都更接近中华民族伟大复兴的目标，比历史上任何时期都更有信心、有能力实现这个目标。这个时候，我们怎么能停顿、犹豫、受到外界干扰？我们有什么理由不充满自信地走在中国特色社会主义道路上，不意气风发地走在中国特色社会主义道路上？

我为自己身为中国人而自豪。我自豪于出生在这样一个伟大的时代，自豪于能够亲眼见证中华民族伟大复兴如此接近我们这个勤劳、伟大、不屈的民族。我想，到了2021年，当中国共产党成立一百年时，中国将全面建成小康社会。到了2049年，当新中国迎来百年华诞时，中国将建成富强民主文明和谐的社会主义强国。

眺望来路，深知筚路蓝缕的艰辛；展望未来，坚信梦想一定会实现。只要我们增强对中国特色社会主义的理论自信、道路自信、制度自信，大家心往一处想，劲往一处使，用13亿人的智慧和力量汇集起不可战胜的磅礴力量，坚定不移沿着正确的中国道路奋勇前进，中华民族伟大复兴的中国梦就一定能够实现！

后记

　　当我完成了这本书的写作时，已是凌晨两点半了。我平时的工作比较忙，只能利用晚上下班后的业余时间来写。时间总是可以一点点挤出来的。我并没有过人的才华，只不过是把别人下棋、打牌的时间用在了写作上而已。我把写这本书的过程，当作自己学习的过程，也当作自己坚定信念的过程。

　　写这本书，源于我对伟大祖国的无比热爱。我在资本主义制度下的香港工作、生活了7年多时间，对于鸦片战争以来中国所遭受的屈辱有着更深、更直接的感受，对于"社会主义""资本主义"这些概念体会得更深、更真切。我至今依然清晰地记得，自己在迎接香港回归那段岁月里，曾多少次地凝望着"洗雪百年国耻"的大标语，在内心深处铭刻着自己的誓言。

写这本书，源于我对中国道路的由衷赞叹。这条道路，使中国在短短几十年时间内从"一穷二白"发展为世界第二大经济体，连续30多年保持近10%的经济增长，城乡居民收入增长30倍以上；这条道路，让中国用了10年构筑起一些西方国家近百年才完成的基本社保网，不到20年就为全球减贫事业做出超过70%的贡献；这条道路，让我们深切地感受到了作为中国人的光荣与自豪。事实已经证明并且将一再证明，中国道路是一条最适合中国国情的道路，是一条通向国家富强、民族振兴、人民幸福的道路，是一条在人类历史上书写伟大奇迹的道路。

写这本书，源于我对民族复兴的坚定信心。我至今依然清晰地记得，上世纪90年代，刚刚走进香港时，自己对香港的繁荣与发达留下的深刻印象。那时我想，祖国内地什么时候能够赶上香港啊！五十年？一百年？然而，只有十几年时间，内地就取得了令人瞩目的进步，许多城市的硬件设施，已达到或超越了香港。祖国突飞猛进的发展，充分证明了中国道路是适合中国的唯一正确的道路。认准脚下的中国道路并坚定不移走下去，中华民族必将实现伟大的复兴。

这本书写好后，我曾拿给几个好朋友看过部分章节。这些朋友中，有理论界的专家，也有知名作家，他们对本书都给予了充分的肯定。这使我增添了继续研究、写作的信心。

感谢海风出版社的领导和同志们，以极高的效率迅速通过了本书的选题，使我有了这次学习、写作的机会。感谢研究中国道路的专家学者们，只要在报纸上读到相关文章，我都会剪下来作为资料，专家学者们的许多观点给了我有益的启示。感谢我的父亲刘克仁、母亲李春玲，是他们从小向我讲起"新中国好、共产党好、社会主义好"，逐渐培养了我对祖国、对党、对社会主义的坚定信念。我父亲今年已70多岁了，但他坚持一个字一个字地看完了书稿，并提出了不少修改意见。我母亲给我讲过的许多身边的变化，更成了本书中的素材。我还要感谢我的妻子黄海青，她一直默默地承担了大量的家务，以实际行动支持我的写作。

其实，与祖国日新月异的建设成就相比，我笨拙的笔简直没有描摹出万分之一。好在，我对伟大祖国的感情是真诚的，我对中国特色社会主义道路、理论体系和制度是充满信心的，我想再说一遍的是：到我们党两个一百年的目标达到的时候，中国的崛起必将是人类历史上最伟大、最壮观的成就；中国道路，必将引起全世界人民的广泛关注，放射出更加璀璨夺目的光芒。我想再次说的是：21世纪，必然是中国世纪！

由于时间紧张和笔者的才识等原因，本书一定还存在着不少疏漏之处，敬请读者朋友们给予批评指正。

　　谨以此书献给所有关心、支持中国走向繁荣富强的海内外朋友们。谨以此书献给全体中华儿女，让我们一起见证中国道路，见证属于我们的自豪和幸福。

刘笑伟

2013年10月于北京

图书在版编目（CIP）数据

中国道路：开启"中国世纪"的大门 / 刘笑伟著 .
-- 福州：海风出版社，2014.10
　ISBN 978-7-5512-0166-7

　Ⅰ．①中… Ⅱ．①刘… Ⅲ．①社会主义建设－研究－
中国 Ⅳ．①D61

中国版本图书馆CIP数据核字(2014)第228638号

中国道路：开启"中国世纪"的大门

刘笑伟　著

责任编辑：狄大伟

出版发行：海风出版社

（福州市鼓东路187号　邮编：350001）

印　　刷：福州德安彩色印刷有限公司

开　　本：787×1092　　1/16

印　　张：16.25印张

字　　数：150千字

印　　数：1-2000册

版　　次：2014年10月第1版

印　　次：2014年10月第1次印刷

书　　号：ISBN 978-7-5512-0166-7

定　　价：38.00元